LE RÉGIME DES STARS

BARRY SEARS

Le Régime des stars

ADAPTATION DE PIERRE DUKAN

TRADUCTION DE CAROLE ZALBERG

LE CHERCHE MIDI

© A Universal copyright convention.
Publié avec l'accord de Hayer Collins publisher Inc.

© le cherche midi, 2002, pour la traduction en français
et l'adaptation du docteur Pierre Dukan.

INTRODUCTION

Pour vivre mieux et plus longtemps, apprenez à manger « hormonalement correct ».

Depuis sa publication aux États-Unis en 1995, *The Zone*, premier ouvrage consacré aux principes du régime de l'Équilibre, s'y est vendu à plus de trois millions d'exemplaires. Il a été traduit en quatorze langues et est ainsi devenu un véritable phénomène international. Le concept selon lequel les hormones peuvent être contrôlées par le régime alimentaire est aujourd'hui considéré comme une avancée médicale déterminante pour la santé au XXIe siècle.

Toutefois, malgré cette reconnaissance croissante, le régime de l'Équilibre demeure mal compris. Certains le prennent pour un régime hyper-protéiné, ce qu'il n'est pas. Beaucoup s'imaginent qu'il est trop difficile à suivre, ce qui est faux. Le régime de l'Équilibre est en effet un programme alimentaire efficace qui vous permettra de perdre votre excédent pondéral, de réduire les risques de maladies chroniques, et vous aidera à vivre mieux et plus longtemps. Tous ces bienfaits sont le fruit de notre capacité à utiliser la nourriture pour faire baisser un taux d'insuline trop élevé.

Ce livre est conçu pour vous faire passer une semaine en Équilibre ; et cela sans la moindre diffi-

culté. Durant cette courte période, vous expérimente-
rez le pouvoir d'un meilleur contrôle de l'insuline. Ce
pouvoir, vous pouvez le détenir définitivement si vous
suivez les instructions très simples contenues dans cet
ouvrage. Cette expérience d'une semaine aura alors
changé votre vie.

CHAPITRE 1

QU'EST-CE QUE L'ÉQUILIBRE ?

Dans ma famille, quatre générations – tous les hommes du côté de mon père – ont été victimes de la même fatalité : une crise cardiaque précoce. En 1972, à la mort de mon père alors âgé de 54 ans, j'ai réalisé qu'une bombe génétique à retardement égrenait son compte à rebours dans mon propre corps. Je savais que je ne pouvais changer mes gènes, mais j'étais déterminé à trouver le moyen de vivre en bonne santé au moins aussi longtemps que possible.

Cette quête m'a conduit à une conclusion étonnamment simple : la clé d'une vie plus longue et plus saine n'était ni un médicament miracle ni une potion magique. C'est en fait une hormone puissante produite par notre alimentation et nommée insuline. Mes recherches m'ont amené à constater que si l'on est capable de maintenir le taux d'insuline en dessous d'un certain niveau (à l'intérieur d'une zone précise) – ni trop élevé, ni trop bas – on peut améliorer sa santé de façon spectaculaire et prévenir un large éventail de maladies. On peut aussi amener son corps à puiser dans la graisse stockée l'énergie dont il a besoin et perdre ainsi ses kilos en trop sans s'affamer !

Mais comment réguler son taux d'insuline afin d'améliorer sa santé ? Là encore, je découvris que la réponse était simple : en mangeant la bonne combinaison d'aliments à chaque repas. L'essentiel, c'est de considérer le régime de l'Équilibre comme un médicament. Dès que vous l'adopterez, vous obtiendrez :

- une perte définitive de votre excédent pondéral ;
- une réduction spectaculaire du risque de maladies chroniques telles que les maladies cardiaques, le diabète et le cancer ;
- de meilleures performances intellectuelles et physiques ;
- le prolongement de votre durée de vie.

La première personne qui vit en l'alimentation un remède miracle fut Hippocrate, le père de la médecine. Mais ne vous méprenez pas : la nourriture est une drogue puissante. En fait, c'est peut-être la drogue la plus puissante au monde. Et celle-ci peut vous aider ou vous nuire suivant l'usage que vous en faites. Utilisée correctement, l'alimentation peut vous rendre plus énergique, mieux portant et vous garantir une vie plus longue et plus active. Dans le cas contraire, la nourriture peut devenir votre pire ennemi, vous privant d'un corps en pleine santé, de votre poids de forme, et d'un esprit alerte, comme des millions d'Américains l'ont découvert à leurs dépens. Plus important encore : si l'alimentation est mal utilisée, elle peut aussi raccourcir votre vie.

Vous pensez peut-être que vous savez déjà comment profiter au mieux des aliments en évitant les graisses et en mangeant beaucoup de féculents comme les pâtes, le pain ou le riz. Si vous avez suivi un régime d'hydrates de carbone de ce type, vous avez sans doute été surpris de prendre du poids au lieu d'en perdre. C'est que vous faites l'inverse de ce qu'il faut faire. Vous mangez probablement beaucoup trop de féculents. C'est pourquoi 50 % de mes compatriotes sont trop gros actuellement, alors qu'ils n'étaient que 33 % il y a vingt ans et bien qu'ils mangent beaucoup moins gras qu'autrefois. C'est ce qu'on appelle le paradoxe américain. Si les graisses étaient l'ennemi à abattre, alors l'obésité aurait dû être vaincue il y a des années. En fait, les graisses n'ont jamais constitué le véritable ennemi. **La véritable cause de l'obésité croissante est la production excessive d'insuline. C'est l'insuline trop élevée qui fait grossir et empêche de maigrir.**

On vous rappelle constamment qu'une calorie est une calorie, et que la prise de poids correspond simplement à un excès de calories absorbées par rapport aux calories dépensées. Comme les graisses contiennent plus de calories par gramme que les protéines ou les hydrates de carbone *, la simple logique voudrait qu'en supprimant les graisses de son régime alimentaire on perde du poids. Ce type de raisonnement peut être résumé ainsi : « Si aucune graisse n'entre dans ma bouche, aucune graisse ne se déposera sur mes hanches. » Eh bien, pas besoin d'être un scientifique de haut niveau pour regarder autour de soi et constater que cette affirmation n'est tout simplement pas valable. En termes d'hormones, toutes les calories ne se valent pas. L'effet hormonal d'une calorie de glucide est différent de celui d'une calorie de protéine, et n'est pas non plus le même que celui d'une calorie de lipide. Chacun de ces trois éléments nutritifs produit ses propres effets sur les hormones de votre corps. Lorsque l'équilibre est parfait, ces trois éléments correspondent exactement à ce dont votre corps a besoin pour demeurer en bonne santé en maintenant le taux d'insuline dans la zone idéale. Quand ces éléments ne sont plus équilibrés et que le taux d'insuline grimpe excessivement, ils peuvent faire des ravages dans votre équilibre hormonal, provoquant une prise de poids, une plus forte probabilité de maladie chronique et l'accélération du vieillissement.

---

* Hydrate de carbone = glucides.

D'un autre côté, si votre taux d'insuline est trop bas, vos cellules commencent à mourir de faim parce qu'une certaine quantité d'insuline est nécessaire pour conduire les éléments nutritifs vitaux jusqu'à elles.

L'Équilibre est comme l'histoire de *Boucle d'or et les trois ours*. L'un des bols de soupe était trop chaud (trop d'insuline), un autre était trop froid (pas assez d'insuline), et le dernier était exactement à la bonne température (dans la zone idéale).

Les bienfaits de l'Équilibre

L'Équilibre entraîne des changements de métabolisme presque magiques. Lui seul permet de libérer l'excès de graisse de vos cellules afin que celui-ci soit utilisé comme carburant par votre corps 24 h/24. Grâce à cela, vous perdez du poids tout en ayant plus d'énergie. Lui seul permet également de limiter les risques de maladies chroniques. Lui seul permet enfin de vivre plus longtemps. Tout ce que cela exige, c'est d'ingérer la bonne combinaison de protéines, d'hydrates de carbone et de lipides à chaque repas et collation.

Les effets positifs du maintien de l'insuline à l'intérieur de la zone idéale sont presque immédiats, parce que votre glycémie (le sucre dans le sang) est elle aussi automatiquement stabilisée. Par conséquent, vous avez moins faim, vous êtes plus vif intellectuellement et plus énergique. L'envie de sucre n'est plus qu'un souvenir et vous pouvez libérer votre corps de sa dépendance vis-à-vis de la nourriture. Combien de temps vous faudra-t-il pour constater ces effets si vous suivez les indications livrées dans cet ouvrage ? Pas plus de sept jours.

Après une semaine en Équilibre, vous vous sentirez plus alerte, moins fatigué, et vous n'aurez jamais faim. Et vous perdrez votre excès de graisse à toute allure. Plus important encore : vous ferez enfin le nécessaire pour rester en bonne santé et limiter les risques de développement de maladies chroniques. Au bout du compte, vous vivrez plus longtemps.

Les grands principes de l'Équilibre

Bien que les prochains chapitres vous donnent plus de détails sur le programme de l'Équilibre et vous fournissent les outils complémentaires dont vous avez besoin pour « entrer en zone libre », voici une sorte de kit de démarrage. Pour vous jeter à l'eau, lisez ces principes fondamentaux. Vous pouvez même faire une copie de cette page et la garder dans votre portefeuille afin de la consulter quand vous ne mangez pas chez vous.

Pour que chaque repas et chaque collation vous apportent l'Équilibre, veillez à consommer la bonne combinaison de protéines maigres, de « bons » hydrates de carbone (de préférence des fruits et des légumes) et un peu de « bonne » graisse (comme de la poudre de noix ou d'amande, ou de l'huile d'olive).
1. Mangez toujours un repas « en Équilibre » dans l'heure qui suit votre réveil.
2. Essayez de manger cinq fois par jour : trois repas et deux collations, le tout en Équilibre, évidemment.
3. Ne laissez jamais s'écouler plus de cinq heures sans manger un repas ou une collation en Équilibre ; et cela, que vous ayez faim ou pas. En fait, le meilleur moment pour manger, c'est quand vous n'avez pas faim, parce que cela signifie que vous avez stabilisé votre taux d'insuline. Les collations de l'après-midi

et de la fin de soirée (qui sont en fait des mini-repas en Équilibre) sont importantes pour vous maintenir dans la zone idéale toute la journée.

4. Mangez plus de fruits et de légumes (oui, ce sont des hydrates de carbone) et diminuez le pain, les pâtes, les céréales et autres féculents. Traitez ceux-ci comme des condiments.

5. Buvez au moins huit grands verres d'eau par jour. C'est-à-dire environ quatre litres par jour.

6. Si vous faites une erreur lors d'un repas, ne culpabilisez pas. · Faites simplement un repas en Équilibre la fois suivante pour revenir (ainsi que vos hormones) là où vous devez être.

Voilà, ça n'est pas la mer à boire n'est-ce pas ? Je suis sûr que vous vous dites que c'est à votre portée. Si vous voulez plonger directement au cœur de la zone idéale, alors allez directement au chapitre 5 : vous y trouverez une semaine de repas en Équilibre pour les hommes et pour les femmes. Si vous voulez un peu plus d'informations sur l'Équilibre, ne sautez pas le chapitre 2 : je vous montrerai pourquoi la vie en Équilibre dépend des hormones et comment ces hormones sont produites par les aliments que vous absorbez.

CHAPITRE 2

ALIMENTATION ET HORMONES : LES CLÉS DU PARADIS ALIMENTAIRE

Trouver l'Équilibre consiste simplement à maintenir les hormones produites par la nourriture que vous consommez à l'intérieur de certaines limites (ni trop élevées, ni trop faibles) de repas en repas. C'est comme si vous conduisiez une bicyclette hormonale. Si vous trouvez votre équilibre, vous jouissez d'une liberté de déplacement presque sans limites. Mais si vous ne pouvez maintenir cet équilibre, vous ne cesserez de tomber et n'atteindrez jamais votre destination finale : une vie plus longue en meilleure santé.

L'Équilibre n'est ni une destination mythique ni une bonne accroche marketing. Il correspond à des définitions médicales précises qui peuvent être évaluées grâce à de simples analyses de sang. Mais le test le plus simple pour déterminer si vous êtes ou non en équilibre consiste à ôter vos vêtements et à vous regarder dans un miroir. Si vous êtes gras et avez la forme d'une pomme, vous n'êtes pas en Équilibre. Cela n'a pas dû vous échapper : c'est le cas de la plupart de mes compatriotes. Mais même si vous êtes mince, vous pouvez être en déséquilibre, comme vous l'indiquent une fatigue permanente, un manque de vigueur et une faim constante.

Une rapide analyse de sang déterminant votre taux d'insuline vous le confirmera. S'il est trop élevé, le régime de l'Équilibre le fera baisser.

Même si le régime de l'Équilibre prête à l'alimentation les vertus d'un traitement médical, il n'y a aucune raison qu'elle ait aussi mauvais goût qu'un médicament. En fait, ce livre vous montrera à quel point il est facile, avec les aliments que vous aimez et au prix de quelques adaptations mineures, d'atteindre définitivement l'Équilibre.

Pour cela, vous devez considérer les aliments selon trois catégories : les protéines, les hydrates de carbone et les lipides. Tous les aliments sont composés de ces trois éléments nutritifs dans diverses proportions : la plupart contiennent essentiellement l'un des trois, et des quantités infimes des autres. Je dis souvent que les « protéines se déplacent sur le sol et les hydrates de carbone y poussent ». Selon cette définition, le poisson et le poulet sont de toute évidence des protéines puisqu'ils bougent. Mais comment reconnaît-on les hydrates de carbone ? Eh bien, les pâtes sont des hydrates de carbone puisqu'elles sont fabriquées à partir du blé et que celui-ci pousse. Et les brocolis ? Ils poussent également donc ce sont des hydrates de carbone. Et les pommes ? Elles viennent des pommiers, qui poussent. Une pomme appartient donc à la famille des hydrates de carbone. Apprendre que les fruits et les légumes sont des hydrates de carbone constitue souvent une véritable révélation. Si l'on ne sait pas comment se nourrir correctement, c'est souvent parce qu'on ne connaît pas bien ce qu'on mange.

Les protéines, les hydrates de carbone et les lipides ont chacun leur propre impact hormonal. Les hydrates de carbone stimulent l'insuline, les protéines agissent sur l'hormone nommée glucagon, et les lipides affectent un autre groupe d'hormones nommées écosanoïdes. Le régime de l'Équilibre se fonde sur la façon dont ces trois systèmes d'hormones influent sur votre existence.

Prenons l'insuline. C'est une « hormone de stockage ». Elle demande au corps de stocker les éléments nutritifs qu'il absorbe. Si le taux d'insuline est trop faible, les cellules meurent de faim, à terme, vous aussi. En revanche, l'excès d'insuline favorise la graisse et accélère le vieillissement. Il y a deux façons d'augmenter le taux d'insuline et de sortir ainsi de la zone idéale. La première consiste à manger trop d'hydrates de carbone au cours d'un même repas. Les hydrates de carbone sont en effet un puissant stimulateur de la sécrétion d'insuline. La deuxième consiste à absorber trop de calories en un seul repas. Les calories en excès (particulièrement celles qui proviennent des hydrates de carbone) augmentent le taux d'insuline parce qu'elles doivent être stockées dans le corps, ce qui exige davantage d'insuline. En outre, toute calorie que le corps ne peut immédiatement utiliser est convertie en graisse et envoyée dans les hanches, le ventre ou d'autres endroits critiques pour y être stockée. Or ce même taux élevé d'insuline qui fait stocker la graisse, empêche également la libération de celle-ci pour fabriquer de l'énergie. C'est pourquoi l'excès d'insuline rend gras et maintient gras.

Les protéines, elles, stimulent la libération du glucagon, qui produit l'effet hormonal inverse de l'insuline. Le glucagon est une « hormone de mobilisation ». Elle demande au corps de libérer des hydrates de carbone stockés dans le foie pour réapprovisionner le cerveau en glucose. Si vous n'avez pas un taux de glucagon suffisant, vous aurez toujours faim et vous sentirez constamment fatigué intellectuellement parce que votre cerveau ne recevra pas assez de son carburant de base – le sucre dans le sang.

L'insuline et le glucagon réalisent en permanence cet acte d'équilibrage. Si une hormone grimpe, l'autre diminue. C'est pourquoi l'équilibre entre les protéines et les hydrates de carbone à chaque repas et collation est fondamental pour maintenir l'insuline dans les limites de la zone idéale.

Enfin, il y a les lipides. Les lipides n'ont pas d'effet direct sur l'insuline. Pas plus que sur le glucagon. Pourquoi, dès lors, ne pas tout bonnement supprimer les lipides de notre alimentation ? Parce que ceux-ci influent sur un autre groupe d'hormones appelées écosanoïdes, qui contribuent également au contrôle du taux d'insuline. À bien des égards, les écosanoïdes sont les hormones maîtresses qui orchestrent les fonctions d'un vaste ensemble d'autres systèmes hormonaux dans notre corps. Elles jouent le rôle d'un ordinateur.

L'Équilibre se fonde sur la façon dont ces trois systèmes hormonaux (insuline, glucagon, écosanoïdes) sont contrôlés par la nourriture que l'on absorbe. C'est une manière de penser en termes hormonaux et non caloriques.

Plus de trois millions d'Américains ont atteint la zone libre où règne l'Équilibre : ils peuvent témoigner que la méthode fonctionne. Par ailleurs, ces dernières années, de nombreuses études scientifiques (voir chapitre 15) menées par des chercheurs indépendants ont validé les principes de l'Équilibre. Mais alors pourquoi le gouvernement américain et les nutritionnistes sont-ils passés à côté ? Parce qu'ils pensent toujours en termes de calories, et non d'hormones.

Pour comprendre pleinement les implications révolutionnaires de l'Équilibre et les multiples bénéfices qu'entraîne le fait d'être dans la zone idéale, vous devez vous débarrasser d'un certain nombre d'idées fausses sur l'alimentation.

Bien trop fréquemment, les conseils diététiques que l'on trouve dans la presse sont totalement contradictoires, voire dangereux pour la santé. Pourtant plus vous entendez une théorie, la voyez développée un peu partout, plus vous risquez d'y croire. Étant donné le nombre de documentaires, de spots publicitaires ou d'articles proclamant les vertus du pain, des pâtes et des céréales, vous avez toutes les chances de miser sur ces hydrates de carbone maigres aux dépens des protéines et des lipides. Les diktats diététiques tels que « bannissez les graisses », ou « évitez les protéines » et « utilisez les pâtes comme aliment de base » vous trottent dans la tête à chaque repas. Ce qui passe pour la sagesse diététique peut vous faire du tort si vous ne comprenez pas les principes de l'Équilibre qui sont fondés sur un raisonnement hormonal. Ces principes remettent en cause une grande part de cette mythologie diététique qui est actuellement la norme.

Principe de l'Équilibre n° 1
C'est l'excès d'insuline qui fait prendre du poids et empêche d'en perdre.

Vous ne pouvez grossir en ne mangeant que des graisses diététiques – bien que personne ne puisse vivre uniquement d'huile d'olive et de matière grasse végétale. Elles n'ont en effet aucun impact direct sur l'insuline. Or c'est l'excès d'insuline qui fait grossir. On l'a vu, il y a deux manières d'augmenter le taux d'insuline. La première consiste à manger trop d'hydrates de carbone en un repas, la deuxième à absorber trop de calories en un seul repas. Durant les quinze dernières années, les Américains ont fait les deux en même temps. C'est pourquoi nous sommes devenus la population la plus grosse de la planète même si nous mangeons moins gras qu'il y a quinze ans. Vous savez que le meilleur moyen d'engraisser le bétail c'est d'augmenter son taux d'insuline en le nourrissant de quantités excessives de céréales maigres. Selon le même principe, le meilleur moyen de faire grossir les humains est d'augmenter leur taux d'insuline en les poussant à absorber des quantités excessives de céréales maigres mais cette fois sous forme de pâtes, de pain et autres corn-flakes.

Principe de l'Équilibre n° 2
Votre estomac est politiquement incorrect.
Votre estomac est une cuve géante d'acide qui ne fait pas la différence entre deux formes d'hydrates de carbone. De ce point de vue, une barre chocolatée sera broyée par l'estomac en une même quantité d'hydrates de carbone que ceux contenus dans 60 g de pâtes. Vous ne mangeriez probablement pas quatre barres chocolatées en une seule fois, mais il est très facile de manger 250 g de pâtes. Et ces 250 g vont faire grimper votre taux d'insuline. Or plus vous produisez d'insuline, plus vous grossissez.

Principe de l'Équilibre n° 3
Tous les hommes ne sont pas égaux en « droits géné-tiques ».
La vie n'est tout simplement pas juste. Génétiquement, certains d'entre nous sont plus chanceux que d'autres face à la gestion des hydrates de carbone. Il suffit à certains de regarder une pomme de terre pour grossir. D'autres peuvent manger autant de chips qu'ils le désirent sans prendre un gramme parce qu'ils ne produisent pas beaucoup d'insuline quand ils absorbent des hydrates de carbone. Vous en connaissez sûrement, de ces petits veinards, et vous ne les portez probablement pas dans votre cœur. Malheureusement, environ 75 % des êtres humains ont une « réaction insulinique » assez forte aux hydrates de carbone, ce qui signifie que leur organisme fabrique trop d'insuline s'ils

consomment trop d'hydrates de carbone. La production excessive d'insuline fait chuter la glycémie trop rapidement, ce qui engendre une sensation de fatigue et entraîne le besoin de manger plus d'hydrates de carbone (c'est la raison pour laquelle cette envie vous obsède toute la journée). La quantité d'hydrates de carbone que votre organisme peut gérer sans « réaction insulinique » excessive dépend de votre héritage génétique. Comment savoir si vous êtes particulièrement réactif aux hydrates de carbone ? Mangez un gros plat de pâtes à midi et voyez comment vous vous sentez trois heures plus tard. Si vous avez faim et avez du mal à rester éveillé, c'est que vous faites partie des 75 % de la population qui ne sont pas génétiquement chanceux.

Principe de l'Équilibre n° 4
Jusqu'à il y a 40 000 ans, il n'y avait pas de céréales sur terre.

On nous dit que le pain est vital. Le fait est que l'homme moderne n'a pas changé réellement depuis 100 000 ans. Pendant la plus grande partie du temps où les humains ont vécu sur cette planète, ils ne se sont nourris que de deux groupes alimentaires : les protéines maigres et les fruits et légumes. Le régime de l'Équilibre est celui pour lequel nous avons été génétiquement conçus. Les céréales ne faisaient tout simplement pas partie de l'alimentation grâce à laquelle l'homme moderne s'est développé. Quand les céréales furent introduites il y a 10 000 ans, cela eut deux effets immédiats :

1. Les maladies de la « civilisation moderne », telles que les crises cardiaques et les rhumatismes firent leur apparition et sont d'ailleurs fréquemment décrites dans les textes de l'Égypte ancienne.

2. L'obésité est devenue courante. En fait, on estime que les

Égyptiens anciens – avec leur régime à base de céréales – avaient à peu près le même taux d'obésité que les Américains aujourd'hui.

Puisque nos gènes n'ont pas beaucoup changé durant les cent mille dernières années, n'espérez pas qu'ils changent davantage au cours des cent prochaines.

Principe de l'Équilibre n° 5
Il faut des graisses pour brûler la graisse.

Si vous pensez en termes de calories, cette affirmation vous paraîtra insensée puisque les graisses contiennent des calories. En revanche, si vous raisonnez en termes d'hormones, cette affirmation vous semblera logique puisque les graisses n'ont aucun effet sur l'insuline. Toutefois, les bons types de graisses jouent un rôle indirect dans le contrôle de la « réaction insulinique » aux hydrates de carbone. D'abord, les lipides ralentissent l'index glycémique des hydrates de carbone dans le sang, diminuant ainsi la production d'insuline. Ensuite, les lipides envoient un signal hormonal au cerveau qui signifie : « cesse de manger » ; or, moins vous consommez de calories, moins vous fabriquez d'insuline. Enfin, la graisse donne meilleur goût à la nourriture (vous les Français en savez quelque chose). Donc, en éliminant la graisse (qui n'a aucun effet sur l'insuline) de votre régime et en le remplaçant par des hydrates de carbone (qui ont un puissant effet stimulant sur l'insuline), vous êtes quasiment sûr de grossir. Toutefois, toutes les graisses ne se valent pas. Le meilleur type de graisse à réintroduire dans votre alimentation est la graisse mono-insaturée, bonne pour le cœur, que l'on trouve dans les aliments tels que l'huile d'olive, les avocats, les amandes, les noix de pécan, et les graisses de type longue chaîne oméga 3, que l'on trouve dans le poisson et dans les huiles de poisson.

Principe de l'Équilibre n° 6
Le signe avant-coureur des maladies cardiaques est un taux élevé d'insuline.

Les maladies cardiaques sont la première cause de mortalité adulte en Amérique. Or le meilleur signe avant-coureur d'une maladie cardiaque n'est pas le taux de cholestérol élevé, ni l'hypertension, mais un taux élevé d'insuline. On a vu que le simple fait d'être trop gros prouve que vous avez un taux d'insuline trop élevé. Si vous êtes mince, faites une analyse de sang pour déterminer votre taux de lipides. Si vous avez un taux élevé de triglycérides (plus de 150 mg idl) et un cholestérol HDL bas (moins de 35 mg idl), vous produisez trop d'insuline et êtes exposé à un risque accru de maladie cardiaque. C'est la raison pour laquelle les régimes à haute teneur en hydrates de carbone et faibles en graisses peuvent être extrêmement dangereux pour les personnes souffrant de pathologies cardiovasculaires. Elles peuvent perdre du poids si elles absorbent moins de calories, mais elles connaissent souvent une augmentation des triglycérides et une baisse du cholestérol HDL, ce qui augmente considérablement le risque cardiaque.

Principe de l'Équilibre n° 7
Les hydrates de carbone sont une drogue qui peut accélérer le vieillissement.

Les hydrates de carbone ne sont pas une manne céleste. Vous avez besoin d'hydrates de carbone à chaque repas pour une activité cérébrale optimale, mais comme toute drogue, l'excès d'hydrates de carbone lors d'un repas aura un effet secondaire toxique : la production excessive d'insuline. La première cause de vieillissement est la production permanente d'insuline en excès et sa capacité à accélérer le développement des maladies chroniques.

Principe de l'Équilibre n° 8
Être en zone idéale ne signifie pas suivre un régime hyper-protéiné.
Un régime hyper-protéiné consiste à manger des quantités excessives de protéines, souvent riches en graisses saturées. Avec le régime de l'Équilibre, vous ne mangez jamais plus de 100 à 120 g de protéines maigres par repas. C'est exactement ce que tout nutritionniste recommande. En outre, vous mangez toujours plus d'hydrates de carbone que de protéines et il est par conséquent impossible que le régime de l'Équilibre soit considéré comme un régime hyper-protéiné. Comme je l'explique en plus amples détails dans le chapitre 14, bien que les régimes hyper-protéinés soient très populaires actuellement, ils n'ont aucune chance de permettre une perte de poids permanente. Et si on en suit un longtemps, il augmentera très probablement les risques de maladie cardiaque.

Ce que l'Équilibre peut faire pour vous

Après ce petit topo sur l'interaction des hormones et des aliments, voyons ce que le régime de l'Équilibre peut faire pour vous à court et à long terme. Si vous le suivez, voici quelques-uns des bienfaits que vous observerez dès la première semaine.

Vous réfléchirez mieux
Comme votre taux de glycémie est maintenu à un niveau stable durant toute la journée, votre cerveau est constamment approvisionné en énergie. Vous découvrirez qu'ainsi

vous avez une meilleure capacité de concentration et ne souffrez plus de cette fatigue intellectuelle qui peut survenir deux ou trois heures après avoir fait un repas riche en hydrates de carbone. Vous vous sentirez mieux régénéré le matin et plus énergique durant la journée. Les baisses de régime de l'après-midi ne seront plus qu'un mauvais souvenir, tout comme le besoin de sucre.

Vous serez plus performant

Grâce à la stabilisation de votre taux d'insuline, vous serez en mesure de puiser dans vos réserves de graisse de façon quasi illimitée pour y trouver de l'énergie durant toute la journée (souvenez-vous que l'excès d'insuline empêche de libérer la graisse stockée dans le corps).

Vous améliorerez votre apparence

N'espérez pas une perte de poids importante durant la première semaine du programme, car il est physiologiquement impossible de perdre plus d'un kilo de graisse par semaine. Toutefois, tout le poids que vous perdrez en Équilibre sera de la graisse pure, et non de l'eau ou du muscle. Votre composition corporelle changera et, du coup, vos vêtements commenceront à mieux vous aller même si l'aiguille de la balance n'a presque pas bougé.

Vous vous sentirez plus en forme

Vous serez moins irritable entre les repas parce que vous ne subirez plus ces hypoglycémies qui vous fatiguaient et vous rendaient irritable. Surtout, vous vous sentirez en parfait équilibre – ce qui indique que vos hormones le sont.

Vous aurez moins envie de sucre et serez totalement rassasié
avec moins de calories

Le besoin de sucre ne tient pas à un manque de volonté. Ce n'est que la conséquence d'un mauvais choix hormonal lors de votre dernier repas. Une fois que vous aurez appris à faire des repas en Équilibre, la cause du besoin de sucre disparaîtra. Autre avantage : vous absorberez moins de calories qu'auparavant mais aurez moins faim parce que votre taux de glycémie sera stable. Des études récentes de la *Harvard Medical School* l'ont confirmé.

Mais tous ces bienfaits ne sont que ceux que vous constaterez à court terme. La véritable raison de mettre votre vie en Équilibre, c'est que cela peut vous procurer des bienfaits à long terme liés au contrôle de l'insuline. Parmi ceux-ci :

1. Vous perdrez définitivement de la graisse. La seule manière de contrôler votre poids consiste à contrôler votre taux d'insuline. Une fois en Équilibre, vous commencerez à perdre tout l'excès de graisse que vous avez besoin de perdre : de nombreux lecteurs ayant suivi le programme ont perdu entre 10 et 50 kg. Surtout, ils ne les ont pas repris.

2. Vous réduirez le risque de maladie cardiaque puisqu'en diminuant votre taux d'insuline, votre risque de faire une maladie cardiaque chute.

3. Vous serez moins susceptible de développer un diabète gras, dit de type 2. Dans l'esprit de chacun, le diabète est une maladie qui empêche de fabriquer de l'insuline. C'est le diabète de type 1. Toutefois, plus de 90 % des diabétiques ont le problème inverse : ils fabriquent trop d'insuline. Ce sont les diabétiques de type 2. Les études cliniques ont montré que l'Équilibre diminue le taux d'insuline des diabétiques de type 2 en quatre jours.

4. Vous serez protégé contre les rhumatismes et l'ostéoporose. Le fait de diminuer l'insuline peut soulager l'inflammation des tissus, car un taux d'insuline réduit signifie aussi un taux réduit d'écosanoïdes facteurs de douleur. En diminuant ces écosanoïdes, vous soulagez la douleur et l'inflammation liées aux rhumatismes. En gros, l'Équilibre fonctionne pratiquement comme l'aspirine : tous deux contrôlent la douleur en contrôlant les écosanoïdes. Il a été également démontré que la consommation accrue de protéines diminue le nombre de fractures de la hanche chez les femmes ménopausées.

5. Il est possible que vous réduisiez le risque de développement d'un cancer du sein. Un certain nombre d'études ont montré un lien entre le taux d'insuline élevé et le risque accru de cancer du sein. Cette notion a été confirmée par les nouvelles recherches de la *Harvard Medical School* démontrant que plus une femme consomme de protéines (et moins d'hydrates de carbone) et plus elle a de chance de survivre à un cancer du sein.

6. Vous ferez moins d'infections. Les protéines en quantités appropriées assurent un bon fonctionnement du système immunitaire, le mécanisme naturel de défense contre les maladies. Nombreux sont les gens ayant un régime riche en hydrates de carbone dont le système immunitaire est déréglé et qui sont plus sujets aux infections en raison d'un taux d'insuline excessif. Ils ont davantage de risques de tomber malades que ceux qui consomment suffisamment de protéines durant la journée.

Enfin, pour vivre mieux et plus longtemps, atteindre l'Équilibre constitue le traitement le plus efficace et le moins dangereux. Mais comme tout traitement, il ne donne des résultats que si vous respectez les doses prescrites et les horaires des prises.

CHAPITRE 3

PREMIERS PAS EN ÉQUILIBRE

Vous comprenez désormais comment les protéines, les hydrates de carbone et les lipides interagissent pour un meilleur contrôle de vos taux d'hormones, de votre composition corporelle et de votre santé. Vous êtes prêt à élaborer des repas qui tiendront compte de ces relations.

Ces repas seront votre passeport pour l'Équilibre.

Se préparer à faire des repas en Équilibre

Aussi innovant soit-il, le régime de l'Équilibre repose sur deux préceptes de grand-mère : l'équilibre – comme il se doit – et la modération. Vous devez en effet équilibrer votre assiette à chacun de vos repas et ne jamais absorber trop de calories par repas. Les seuls outils dont vous avez besoin pour cela, ce sont vos mains et vos yeux.

Commencez par les protéines

Pour chaque repas en Équilibre, on doit commencer par s'assurer que l'on dispose d'une portion correcte de protéines maigres. Il y a plusieurs raisons à cela. La première, c'est que votre corps a besoin d'un apport constant en protéines pour remplacer celles qu'il perd en permanence. Sans cela, vos muscles s'affaiblissent et votre système immunitaire perd de son efficacité. Par ailleurs, les protéines stimulent la libération du glucagon. Souvenez-vous que le glucagon est une hormone de mobilisation qui demande au corps de relâcher les hydrates de carbone stockés dans le foie pour maintenir le taux de glycémie nécessaire au cerveau. Si un repas ne contient pas la quantité suffisante de protéines, la faim (due à l'incapacité de maintenir le taux de glycémie) réapparaîtra après deux ou trois heures. Enfin, le glucagon agit comme un frein sur la sécrétion excessive d'insuline. Si le taux de glucagon augmente, alors le taux d'insuline diminue. En stimulant la libération de glucagon grâce à la bonne quantité de protéines, vous disposez d'un mécanisme de contrôle idéal pour empêcher l'excès d'insuline.

Enfin, les protéines maigres sont toujours utiles. Pourquoi ? Parce qu'on ajoute toujours un peu de graisse mono-insaturée à un repas en Équilibre, et les protéines maigres permettent de contrôler la composition de la graisse que vous absorbez et de limiter ainsi l'excès de graisse saturée.

On a tendance à croire que le régime de l'Équilibre contraint à manger des protéines animales. Ce n'est tout simplement pas vrai. Vous devez effectivement consommer une quantité précise de protéines, mais un végétarien les trouvera aisément dans les blancs d'œufs, les produits laitiers maigres, le tofu, ou les substituts à base de soja.

La première étape de la préparation d'un repas en Équilibre consiste à ne jamais consommer plus de protéines maigres en un seul repas que ce qui peut tenir dans la paume d'une main. Et avant de vous emballer, sachez que cette quantité tient également compte de l'épaisseur de votre main. Pour la plupart des femmes, cela correspond à 90 g de protéines maigres, et pour la plupart des hommes, à environ 120 g. À moins que vous ne soyez plus actif que la moyenne, votre corps ne peut utiliser plus de protéines en une seule prise : le surplus sera donc converti en graisse. Il faut toujours utiliser des protéines maigres pour un repas en Équilibre afin de limiter au minimum la quantité de graisses saturées absorbée (puisqu'elles peuvent indirectement augmenter le taux d'insuline). Voici quelques exemples de bonnes sources de protéines maigres :

Sélection idéale de protéines
- Poulet sans la peau
- Dinde
- Poisson
- Morceaux de viande très maigres
- Blancs d'œufs
- Produits laitiers maigres
- Tofu
- « Viande » de soja

Équilibre avec les hydrates de carbone

Maintenant que vous avez votre portion de protéines, vous devez l'équilibrer avec les hydrates de carbone. Malheureusement, la plupart des gens n'ont aucune idée de leur nature exacte. On pense généralement qu'ils se résument aux pâtes et aux sucreries, alors qu'ils désignent également les fruits et les légumes. Toutefois, tous les hydrates de carbone ne sont pas équivalents dans leur propension à stimuler l'insuline. Certains sont des hydrates de carbone « favorables » car ils ont une faible capacité à stimuler l'insuline, et d'autres sont « défavorables » car ils ont une forte capacité à stimuler l'insuline. Puisque tout le jeu consiste à contrôler l'insuline, il faut s'assurer que la plus grande partie de votre sélection d'hydrates de carbone est favorable (essentiellement les fruits et les légumes), et traiter les hydrates de carbone défavorables (tels que les céréales et les féculents) comme des condiments.

La définition de l'aspect favorable ou défavorable se fonde sur le concept de charge glycémique. Celle-ci est calculée à partir de la combinaison de la densité des hydrates de carbone dans un volume donné, et du taux auquel ils vont entrer dans le flux sanguin. Plus la charge glycémique d'un volume donné d'hydrates de carbone est élevée, plus sa capacité à stimuler l'insuline est grande.

Les légumes (sauf le maïs et les carottes) ont toujours une charge glycémique faible, alors que les fruits (sauf les bananes et les raisins) ont en général une charge glycémique moyenne. Les féculents et les céréales (sauf l'avoine et l'orge, qui sont très riches en fibres) ont une charge glycémique très élevée. C'est pourquoi, quand vous équilibrez les protéines sur votre assiette, faites-le à l'aide de beaucoup de légumes, quelques fruits, et juste une petite quantité de céréales ou de féculents. Ci-dessous sont énumérés certains des hydrates de carbone favorables et défavorables.

Les favorables
- La plupart des légumes (sauf le maïs et les carottes)
- La plupart des fruits (sauf les bananes et le raisin)
- Certaines céréales (l'avoine et l'orge)

Les défavorables
- Les céréales et les féculents (les pâtes, le pain, etc.)
- Certains fruits (les bananes, le raisin, etc.)
- Certains légumes (le maïs et les carottes)

Comme vous pouvez le constater, une bonne part de votre régime actuel est probablement généreux en hydrates de carbone défavorables sans être compensé par la quantité appropriée de protéines maigres. C'est la recette idéale pour une insuline élevée, ce qui signifie que vous grossissez et nuisez à votre santé à chaque repas.

Ajoutez du gras

Une fois que vous avez équilibré votre assiette avec des protéines maigres et des hydrates de carbone favorables, il y a encore une chose à ajouter avant que ce soit réellement un repas en Équilibre – la graisse. Souvenez-vous, il faut de la graisse pour brûler les graisses. Mais comme pour les hydrates de carbone, toutes les graisses ne se valent pas.

Il y a deux types de graisses parmi les « bonnes » graisses. Les mono-insaturées et les longue chaîne oméga 3. Les premières se trouvent dans l'huile d'olive, certains fruits secs et les avocats. Les secondes viennent du poisson et de l'huile de poisson (comme la fameuse huile de foie de morue que conseillaient nos grand-mères). Ce sont des alliés extrêmement puissants dans votre quête d'une vie plus longue. Mais pour le moment, pensez-y uniquement comme à de bonnes graisses.

D'autres graisses doivent être considérablement réduites. Ce sont les graisses saturées, les graisses « trans », et l'acide « arachidonique ». Je les considère comme de très mauvaises graisses. On trouve la graisse saturée dans les morceaux gras de la viande rouge et dans les produits laitiers très gras. Quant aux graisses « trans », elles ont été créées par l'industrie alimentaire pour hydrogéner des graisses liquides (margarine) et se trouvent dans pratiquement tous les aliments traités. Dès que vous voyez les termes « huile végétale partiellement hydrogénée », vous pouvez en déduire que l'aliment contient des graisses « trans ». Ces graisses rendent la nourriture traitée plus stable (comment imaginez-vous qu'on parvienne à ce que votre barre chocolatée soit toujours bonne après avoir passé un an dans un placard ?). En outre, l'*Harvard Medical School* a démontré que plus l'on mange des graisses « trans » plus on augmente les risques de maladie cardiaque. Enfin, il y a l'acide arachidonique, que l'on trouve essentiellement dans la viande rouge grasse, le jaune d'œuf et les abats. Cette graisse poly-insaturée est peut-être la plus dangereuse quand on en consomme trop. En fait, vous pouvez injecter pratiquement tous les types de graisse (même la graisse saturée et le cholestérol) à un lapin, et rien n'arrive. Toutefois, si on injecte de l'acide arachidonique au même lapin, il meurt dans les trois minutes. Le corps humain a besoin d'acide arachidonique, mais en excès, il peut être toxique. Ironiquement, plus le taux d'insuline est élevé, plus votre corps est poussé à augmenter le taux d'acide arachidonique.

Dans la liste ci-dessous se trouvent les bonnes et les mauvaises graisses pour l'Équilibre.

Bonnes graisses (mono-insaturées et oméga 3)
- Huile d'olive
- Amandes
- Avocats
- Huiles de poisson

Mauvaises graisses (graisses saturées, graisses « trans » et acide arachidonique)
- Viande rouge grasse
- Jaune d'œuf
- Abats
- Aliments industriels (riches en graisses « trans »)

C'est le moment
de se jeter à l'eau

Maintenant que vous avez une idée du type de protéines, d'hydrates de carbone et de graisses que vous allez utiliser pour composer des repas en équilibre, je vais vous montrer à quel point c'est simple.

D'abord, prenez votre assiette et divisez-la en trois sections. Sur un tiers de l'assiette, placez une quantité de protéines maigres qui correspond à la paume de votre main. Puis remplissez les deux autres tiers à ras bord de fruits et de légumes. Ajoutez ensuite un soupçon de graisse mono-insaturée, comme l'huile d'olive, des amandes émondées, ou même du guacamole. Voilà, vous avez un repas en Équilibre.

Admettez-le, cela n'a rien d'un casse-tête. Mais la clé est la constance, puisque le bénéfice hormonal de chaque repas ne durera que quatre à six heures. Vous êtes obligé de manger, alors autant tirer le meilleur parti hormonal possible de chacun de vos repas.

Cela signifie équilibrer les protéines et les hydrates de carbone à chacun des repas et des en-cas. Par exemple, vous ne pouvez consommer toutes vos protéines en un repas et tous vos hydrates de carbone lors du suivant, parce que cela ferait faire des bonds à votre taux d'insuline. Je le répète : considérez votre alimentation comme un traitement. Est-ce qu'il vous viendrait à l'esprit d'avaler le traitement de toute une semaine un samedi après-midi ? Bien sûr que non. Et si vous prenez votre médicament tous les jours, est-ce que vous prendriez 5 mg un matin, 500 mg à midi et 28 mg le soir ? Bien sûr que non. Vous feriez tout votre possible pour prendre la même quantité à chaque fois. Pourquoi ? parce que vous devez maintenir le médicament dans une certaine zone : ni trop élevée (car ce serait toxique), ni trop basse (parce que ce serait inefficace). Traitez la nourriture de la même manière. Votre but est de maintenir l'insuline dans une zone similaire en équilibrant les protéines et les hydrates de carbone et en utilisant seulement vos yeux et la paume de vos mains pour y parvenir.

Une journée en Équilibre
Maintenant que vous connaissez les règles de base, voyons à quoi peut ressembler une journée type en Équilibre pour une femme de taille et de poids standards en utilisant les règles expliquées dans le chapitre 1.

Petit déjeuner
Une omelette de six blancs d'œufs mélangée à des asperges et deux cuillerées à café d'huile d'olive. Une tasse de flocons d'avoine à cuisson lente et une coupe de fraises.

Déjeuner
Une salade de poulet grillé composée de 90 g de blanc de poulet, d'un peu d'huile d'olive et de vinaigre, et un fruit frais en dessert.

Collation de l'après-midi
Deux œufs durs dont on aura enlevé les jaunes remplacés par du houmous (purée de pois chiches avec de l'huile d'olive)

Dîner
150 g de saumon, recouvert d'une cuillerée à soupe d'amandes émondées, deux bols de légumes vapeur et une coupe de fruits rouges en dessert.

Collation du soir
30 g de fromage à pâte molle et un verre de vin (ou un petit morceau de fruit si vous ne buvez pas).

La première chose que vous remarquez, c'est qu'il s'agit de vraie nourriture. La deuxième, c'est que c'est copieux, ce qui signifie que vous n'aurez jamais faim. La troisième, c'est que c'est exceptionnellement riche en fruits et en légumes. Et la dernière chose, qui n'est pas évidente, c'est que le contenu calorique total pour une journée en Équilibre est d'environ 1 200 calories. C'est ce que j'appelle le paradoxe de l'Équilibre. **Vous mangerez beaucoup sans faim, sans fatigue ou privation, et sans consommer beaucoup de calories.** Surtout, si vous mangez tout, vous augmentez considérablement vos chances de vivre plus longtemps en maintenant votre nombre total de calories à un niveau compatible avec une longévité maximum (voir chapitre 8 pour plus de détails). Un homme de taille et de poids standards mangera les mêmes aliments, mais chaque repas devra être 25 % plus

copieux pour fournir les 1 500 calories dont il a besoin quotidiennement.

Horaires des repas en Équilibre

Les horaires des repas ont une importance décisive pour rester en Équilibre, comme dans le cas d'un médicament. Vous
devez manger cinq fois par jour (trois repas et deux collations). Organisez votre journée en conséquence, exactement
comme vous planifiez les rendez-vous, afin de ne jamais laisser passer plus de cinq heures sans prendre un repas ou une
collation en Équilibre. Les horaires types des repas pourraient
être les suivants : si vous vous réveillez à 6 h, prenez un petit
déjeuner vers 7 h (comme vous le verrez dans les recettes
de ce livre, il s'agit d'un repas conséquent). Cinq heures plus
tard, il est midi, et c'est donc l'heure du déjeuner, qui sera
là encore un gros repas. La plupart des gens ne dîneront pas
avant 19 h, ce qui fait plus de cinq heures après le déjeuner,
alors prenez une collation en fin d'après-midi. Ayant dîné à
19 h, veillez à prendre une dernière collation avant d'aller
vous coucher, parce que votre cerveau a besoin de sucre dans
le sang y compris durant vos huit heures de sommeil. Voilà
à quoi ressemble une journée type en Équilibre.

Horaires des repas en zone idéale

Repas	Timing	Horaire approximatif
Petit déjeuner	Dans l'heure qui suit le réveil	7 h
Déjeuner	Dans les cinq heures qui suivent le petit déjeuner	12 h
Collation de l'après-midi	Dans les cinq heures qui suivent le déjeuner	17 h
Dîner	Dans les deux ou trois heures qui suivent la collation	19 h
Collation de la nuit	Avant de se coucher	23 h

En suivant ce programme, à la fin d'une journée en Équilibre, vous avez consommé les quantités appropriées de protéines de grande qualité, des quantités extraordinaires de vitamines et de minéraux provenant des légumes et des fruits, et exactement la même quantité de graisse que dans la plupart des régimes végétariens. Vous ne vous êtes pas senti affamé ou fatigué parce que vous avez contrôlé votre glycémie et ainsi le cerveau a constamment été approvisionné en l'unique carburant (le glucose dans le sang) qu'il peut utiliser. En outre, vous n'avez pas ressenti de privation parce que chacun de ces repas contenait de grands volumes de nourriture. En fait, la taille de chaque repas en Équilibre peut être très intimidante, parce que lorsque vous remplacez les céréales et les féculents par des fruits et des légumes, les volumes d'hydrates de carbone sur votre assiette augmentent considérablement.

La nouvelle pyramide alimentaire

Maintenant que vous savez de quoi a l'air un repas en Équilibre, il est possible de visualiser ces nouveaux principes en construisant la pyramide alimentaire de l'Équilibre.

Comme vous le voyez au premier coup d'œil, en utilisant la pyramide alimentaire de l'Équilibre, vous mangez beaucoup de légumes et de fruits. En fait, vous en consommez entre 10 et 15 portions par jour. L'étage suivant dans la pyramide correspond aux protéines maigres. Vous noterez que je n'ai pas parlé de protéines animales parce que les protéines maigres peuvent inclure le tofu, les substituts à base de soja et de la poudre de protéine. À l'étage au-dessus : les graisses mono-insaturées. Enfin, au sommet se trouvent les céréales et les féculents, à utiliser avec modération. Comme vous pouvez le constater, rien n'est jamais interdit dans le régime de l'Équilibre. Il faut simplement consommer les aliments défavorables avec modération.

Pourquoi grand-mère avait raison

Eh oui, les conseils alimentaires de votre grand-mère étaient la voix de la sagesse en termes d'hormones. Souvenez-vous des quatre préceptes dont elle vous a sans doute rebattu les oreilles :

1. Prenez des petits repas répartis dans la journée.

L'une des meilleures manières de maintenir le taux d'insuline dans la zone idéale est de ne pas manger trop d'hydrates de carbone ou de protéines en un seul repas. Bien que les hydrates de carbone aient des effets très importants sur la libération de l'insuline, les protéines sont aussi un faible stimulateur de cette libération (toutefois, les protéines ont un impact important sur la libération du glucagon, qui inhibe l'insuline). En ne consommant pas excessivement des protéines ou des hydrates de carbone, vous êtes sur la bonne voie pour un meilleur contrôle de l'insuline dans la mesure où votre repas est modéré en quantité.

2. Mangez des protéines à chaque repas.

Le rôle hormonal principal des protéines est de stimuler la libération du glucagon, qui mobilise les hydrates de carbone stockés de sorte que votre cerveau puisse les utiliser pour en tirer de l'énergie. En outre, le glucagon réduit aussi l'émission d'insuline.

3. Mangez systématiquement des légumes et des fruits.

Maintenant, vous savez que ces hydrates de carbone auront un impact plus faible sur la libération d'insuline parce que ce sont des hydrates de carbone plus favorables à une baisse de la charge glycémique comparés aux céréales et aux féculents. C'est aussi une question de bon sens, puisque la plupart des vitamines et des minéraux proviennent des légumes et des fruits. En mangeant en priorité des légumes et des fruits, vous contrôlez automatiquement la quantité d'hydrates de carbone que vous absorbez à n'importe quel repas. Plus encore, les fibres dans ces hydrates de carbone de faible densité ralentissent la digestion et diminuent le taux de sécrétion d'insuline.

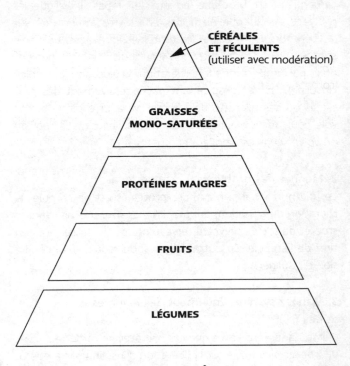

CÉRÉALES
ET FÉCULENTS
(utiliser avec modération)

GRAISSES
MONO-SATURÉES

PROTÉINES MAIGRES

FRUITS

LÉGUMES

LES ALIMENTS EN ÉQUILIBRE

4. N'oubliez pas l'huile de foie de morue.
Je sais que rien ne vous dégoûte davantage. Toutefois, elle contient effectivement des acides gras longue chaîne oméga 3 qui sont très efficaces pour garder l'insuline sous contrôle et sont d'une importance cruciale pour votre cerveau (c'est pourquoi on dit que le poisson et l'huile de poisson sont les aliments de l'intelligence). Vous pouvez toujours vous pincer le nez et prendre votre huile de foie de morue comme le faisait votre grand-mère, ou vous pouvez opter pour un choix plus savoureux sous la forme du saumon, qui est riche en acides gras du même type, ou d'une nouvelle génération d'huiles de poisson presque sans goût.

J'espère que vous vous rendez compte que votre grand-mère vous expliquait en fait comment atteindre l'Équilibre. Il s'avère qu'elle était à la pointe de la biotechnologie du XXIe siècle quant au contrôle de l'insuline.

À ce stade, vous prononcez sans doute à nouveau la phrase magique : « Je peux le faire. » Si c'est le cas, vivre définitivement en Équilibre va vous sembler incroyablement facile.

CHAPITRE 4

FAITES RÉGNER L'ÉQUILIBRE DANS VOTRE CUISINE

Avant de démarrer votre semaine en Équilibre, vous avez besoin de vous livrer à certains préparatifs. C'est le sujet de ce chapitre : comment transformer votre cuisine en pharmacie alimentaire.

Durant votre première semaine de régime, vous devez essayer de faire de votre cuisine un espace aussi favorable à l'Équilibre que possible. Débarrassez-vous de certains aliments « hostiles à l'Équilibre » et remplacez-les par ceux qui s'intègrent à votre nouveau projet alimentaire.

Ainsi, à chaque fois que vous ouvrirez votre réfrigérateur vous en sortirez un produit aussi efficace que ceux que vous prescrit votre médecin traitant. Vous utiliserez ces aliments favorables à l'Équilibre pour perdre du poids et vous préserver des maladies. Vous en tirerez un puissant regain d'énergie grâce à un meilleur contrôle de l'insuline qui vous maintiendra intellectuellement et physiquement en forme tout au long de la journée. Suivez ces étapes simples et vous serez en bonne voie pour une meilleure santé durable.

Remarque : ces règles s'appliquent à votre première semaine en Équilibre. J'essaie de faciliter votre première expérience de l'Équilibre en éloignant les aliments qui sont considérés comme des hydrates de carbone à forte densité – ce qui signifie qu'ils contiennent beaucoup d'hydrates de carbone dans un petit volume. Vous n'avez pas besoin de bannir les aliments défavorables à l'Équilibre éternellement. Après la première semaine, vous pourrez les réintroduire et rester malgré tout en Équilibre.

Le grand nettoyage

La première chose que vous devez faire, c'est éliminer provisoirement de votre cuisine tous les aliments potentiellement dangereux car ils risqueraient de vous faire perdre l'Équilibre. Prenez tous les hydrates de carbone défavorables comme les pâtes, le riz, les céréales sèches, les farineux et mettez-les dans un sac. J'aimerais aussi que vous fassiez de même avec tous les fruits secs que vous possédez, car ils sont aussi des sources concentrées d'hydrates de carbone. Puis rangez-les dans une boîte scotchée et placez celle-ci dans un recoin sombre de la cave où il y a peu de chance que vous vous aventuriez dans la semaine à venir. Faites-en autant pour tout ce qui peut permettre de fabriquer de la boulange, les pâtes et les jus de fruits.

Changez de graisses

Débarrassez-vous de l'huile végétale, des margarines, du beurre, des produits laitiers au lait entier et de tout autre aliment qui contient une quantité élevée de graisse saturée et d'oméga 6 poly-instaurées. Remplacez les huiles végétales et la margarine par de l'huile d'olive et du beurre d'amande riche en graisse mono-insaturée. Remplacez les produits laitiers entiers par des fromages blancs maigres, du lait écrémé, etc. Remplacez le saucisson et le bacon par des sources de protéines maigres comme la dinde, le poulet et le poisson. Faites également provision de produits à base de soja. La clé consiste à utiliser des sources de protéines maigres afin de rajouter de petites quantités de graisses mono-insaturées.

Soyez difficile dans le choix de vos produits

Même en ce qui concerne les fruits et les légumes, vous devez vous montrer sélectif. Certains fruits et légumes sont des hydrates de carbone à forte densité, ce qui signifie qu'ils peuvent augmenter votre taux d'insuline autant qu'un biscuit ou une barre chocolatée. Là encore, j'aimerais que vous vous débarrassiez de tous les jus de fruits et fruits secs car ils sont une source concentrée de sucre. J'aimerais aussi que vous évitiez ces fruits défavorables à l'Équilibre : les bananes, le raisin, les airelles, les dattes, les figues, les goyaves, les mangues, les papayes, les pruneaux et les raisins secs. Privilégiez les pommes, les abricots, les poires, les oranges, les fraises, les prunes, les mûres et les pamplemousses. Les « féculents » sont les légumes les plus défavorables à l'Équilibre et comprennent les betteraves, les carottes, le maïs, les petits pois et les pommes de terre. Privilégiez les légumes verts, les tomates, le céleri, les champignons, et les poivrons. Pour une liste complète, reportez-vous aux annexes B et C.

Si éplucher des légumes plusieurs fois par jour vous semble une perte de temps, faites provision de légumes surgelés ou achetez des légumes prêts à l'emploi. Les fruits et légumes surgelés sont cueillis au meilleur moment puis rapidement congelés – souvent dans les heures qui suivent la récolte. Du coup, ils ont souvent un contenu en vitamines plus élevé que les fruits et légumes frais qui peuvent rester des jours ou des semaines avant que vous les achetiez. Plus les produits frais restent en magasin, plus ils perdent leur pouvoir nutritionnel (et en particulier les vitamines). Si le goût des légumes surgelés ne vous gêne pas, stockez-en le plus possible dans votre congélateur. Les produits en conserve, en revanche, contiennent moins de vitamines et de minéraux que les produits frais ou surgelés parce qu'ils sont davantage transformés et remplis de conservateurs. Cela vous dépannera si vous n'avez pas eu le temps de passer au supermarché.

Réapprovisionnez votre cuisine avec des basiques de l'Équilibre

Si vous avez toujours sous la main certains éléments de base cela vous facilitera considérablement la cuisine en Équilibre et vous en disposerez pour vos collations. Puisque ces basiques se conservent plusieurs mois, vous n'aurez pas à en racheter souvent. Les flocons d'avoine à cuisson lente en font partie puisque c'est une des rares céréales que je recommande vivement pour l'Équilibre. Pourquoi l'avoine est-elle si favorable à l'Équilibre ? Elle est riche en fibres solubles qui ralentissent l'absorption des hydrates de carbone et contiennent un acide gras essentiel que l'on trouve dans le lait maternel (évitez les flocons d'avoine instantanés car ils sont transformés afin de cuire plus vite et ils entrent donc dans votre sang rapidement, provoquant une hausse d'insuline).

Voici maintenant une source de protéines qui peut être considérée comme un basique de l'Équilibre en raison de sa très longue durée de conservation : la poudre de protéine isolée. La poudre de protéine peut être ajoutée à des jus de fruits frais ou à de la soupe ou des ragoûts de légumes pour les enrichir en protéines et en faire des plats hormonalement corrects. En termes d'hormones, le meilleur type de poudre de protéine est celle qu'on tire du soja, car c'est celle qui a le moins d'effet sur l'insuline et le plus d'impact sur le glucagon. Malheureusement, ce type de poudre de protéine n'a pas aussi bon goût que d'autres issues du lait, ou des œufs. Je vous suggère d'utiliser diverses combinaisons contenant la quantité maximum de protéine de soja jusqu'à ce que vous obteniez un mélange à votre goût.

Autre basique vital de l'Équilibre : les différents types de noix. Il y a des milliers d'années, les gens mangeaient des noix pour leur graisse avant d'être capables d'extraire l'huile des olives et des graines. Je préfère que vous choisissiez des noix riches en graisse mono-insaturée, comme les noix de pécan, les amandes, les noix de cajou et les pistaches. Les cacahuètes sont une bonne source de graisse mono-insaturée – mais pas autant que d'autres types de noix. Cependant n'oubliez pas : elles sont avant tout une source de graisse, et vous n'en avez besoin que d'une quantité relativement réduite pour obtenir la dose de graisse mono-insaturée dont votre corps a besoin.

Lorsque vous stockez des basiques, ne négligez pas les épices. Elles donnent à la nourriture meilleur goût et peuvent être utilisées à volonté puisqu'elles n'ont aucun effet sur l'insuline.

Liste de courses pour votre semaine en Équilibre

L'heure est venue de vous rendre au supermarché. Durant votre semaine en Équilibre, vous aurez probablement besoin d'aller faire des courses deux ou trois fois afin de disposer des fruits, des légumes et des protéines les plus frais possible. Par exemple, vous ne pouvez garder le poisson, le poulet et la viande plus de deux ou trois jours au réfrigérateur. Mais rien ne vous empêche de les congeler.

Tandis que vous déambulez à travers le supermarché, votre liste à la main, vous remarquez sûrement que vous restez en périphérie plutôt que dans les allées centrales. Ce n'est pas par hasard. La périphérie contient généralement les produits frais et surgelés et les produits périssables comme le lait, le fromage, la volaille ou le poisson tandis que les rayons intérieurs proposent les produits en conserve et les céréales, les pâtes, la farine et les produits apéritifs. Vous devriez donc être à l'abri de la tentation.

Une fois que vous avez fait vos courses, vous avez tout ce qu'il faut pour confectionner les repas très simples décrits dans le chapitre 5. Ces repas vous feront passer votre première semaine en Équilibre. Prenez ces « médicaments » selon la prescription et vous commencerez à modifier votre existence pour toujours. Ils sont conçus pour éviter toute difficulté ou perte de temps, contiennent donc peu d'ingrédients et demandent une préparation ainsi qu'un temps de cuisson limités. Dites-vous que le chapitre 5 est un plan très détaillé qui vous guidera à travers votre première semaine. Une fois que vous serez parvenu au bout de celle-ci, vous trouverez d'autres recettes en Équilibre dans le chapitre 6 et un échantillon de certains des repas végétariens dans le chapitre 8 sur le soja. Vous pouvez mélanger ceux-ci à tous vos repas et collations pour une vie entière en parfait Équilibre. À vous de jouer !

CHAPITRE 5

RECETTES POUR UNE SEMAINE EN ÉQUILIBRE

Chacun des repas présentés ici respecte le bon équilibre en protéines, hydrates de carbone et lipides ; ce qui signifie que chacun de ces repas peut être utilisé comme un médicament qui maintiendra l'insuline dans la zone idéale pour les quatre ou six heures qui suivent. Plus important : ils sont délicieux, rapides et faciles à préparer.

Si vous suivez les menus simples et savoureux décrits dans ces pages, vous êtes sûr de trouver l'Équilibre. En une semaine, vous aurez meilleure allure, vous vous sentirez plus en forme, et vous entraînerez votre corps dans un voyage durable vers une santé optimale.

Semaine type pour une femme

JOURNÉE 1

■ Petit déjeuner : Salade de fruits

Ingrédients
- 3/4 de tasse* de fromage blanc à 20 % de m.g.
- 1 tasse d'ananas frais (ou en boîte allégé en sucre) coupé en dés
- 1/2 orange
- 3 noix de cajou (ou 7 cacahuètes pilées)

Préparation
Placez le fromage blanc dans un bol. Incorporez l'ananas, l'orange et les noix.

■ Déjeuner : Salade du Chef

Ingrédients
- 1 tasse de salade verte lavée, séchée et déchirée en grands morceaux
- 1/4 de tasse de pois chiches égouttés et rincés
- 1/2 tasse de têtes de champignons lavés, séchés et grossièrement émincés
- 1/2 tasse de céleri lavé, séché et grossièrement émincé
- 1 cuillerée à soupe d'assaisonnement huile d'olive/vinaigre**

---

* Contenance d'une tasse : 250 ml.
** L'assaisonnement en Équilibre contient 1 cuillerée à café d'huile d'olive et 2 cuillerées à café de vinaigre. On peut ajouter du vinaigre à volonté.

- 50 g de jambon de dinde coupé en lamelles
- 50 g de jambon de porc coupé en lamelles
- 30 g de gruyère (ou de tomme de Savoie) à 20 % de m.g. coupés en julienne

Pour le dessert
1 pomme moyenne

Préparation
Mélangez la salade verte avec les pois chiches, les champignons et le céleri, et ajoutez la viande et le fromage.
Servez la pomme en dessert.

■ Dîner : Poulet au gingembre

Ingrédients
- 1 cuillerée à café d'huile d'olive
- 100 g de blanc de poulet sans peau, coupé dans la longueur en fines lamelles
- 2 tasses de brocolis lavés
- 1 + 1/2 tasse de haricots mange-tout lavés
- 3/4 de tasse d'oignons jaunes épluchés et émincés
- 1 cuillerée à café de gingembre frais râpé

Pour le dessert
1/2 tasse de raisin

Préparation
Dans un faitout ou une grande poêle anti-adhésive, chauffez l'huile à feu assez vif. Ajoutez le poulet et faites sauter en remuant fréquemment, jusqu'à ce qu'il soit légèrement doré (environ 5 minutes). Ajoutez les brocolis, les haricots mange-

tout, l'oignon, le gingembre et 1/2 tasse d'eau. Poursuivez la cuisson en remuant souvent, jusqu'à ce que le poulet soit cuit, que l'eau soit réduite à un nappage, et que les légumes soient tendres (environ 20 minutes). Si la poêle est trop sèche au cours de la cuisson, ajoutez de l'eau par cuillerées à soupe pour mouiller.

Servez le raisin en dessert.

JOURNÉE 2

■ Petit déjeuner : Yaourt et fruit

Ingrédients

- 30 g de jambon dégraissé découenné (ou au choix 3 tranches de dinde ou 2 saucisses de soja)
- 1/2 tasse de fraises (ou de framboises) rincées et égouttées
- 1 cuillerée à soupe d'amandes émincées
- 1 tasse de yaourt nature maigre

Préparation

Préparez le jambon ou les saucisses de soja en suivant les recommandations inscrites sur l'emballage. Mélangez les fruits et les amandes au yaourt, et servez avec le jambon ou les saucisses à part.

■ Déjeuner : Salade de thon

Ingrédients

- 100 g de thon en boîte au naturel, égoutté
- 1/4 de tasse de céleri, lavé, séché et grossièrement émincé
- 1 cuillerée à café d'assaisonnement huile d'olive/vinaigre

- 1 ou 2 feuilles de salade verte, lavée et essorée
- 1/2 melon épépiné
- 1/2 tasse de fraises ou de framboises rincées et égouttées

Préparation

Mélangez le thon au céleri et à l'assaisonnement. Préparez un lit de salade verte et placez-y le mélange.

Fourrez le melon avec les fraises ou framboises et servez en dessert.

■ Dîner : Carrelet en papillote et haricots verts

Ingrédients

- Quelques gouttes d'huile d'arachide ou d'olive sur du papier absorbant
- 130 g de filet de carrelet sans arêtes (ou un poisson blanc et doux de votre choix)
- 2 cuillerées à soupe d'oignons jaunes, pelés et émincés
- 1 pincée de parmesan
- 1/4 de cuillerée à café de poivre fraîchement moulu (ou plus suivant le goût)
- 1 filet de jus de citron
- 1 + 1/2 tasse de haricots verts frais, lavés, équeutés, et coupés en deux
- 1 cuillerée à soupe d'amandes effilées

Pour le dessert

2 tranches d'ananas frais

Préparation

Préchauffez le four (thermostat 5). Munissez-vous d'une feuille de papier aluminium de 50 x 30 cm. Frottez le centre avec du papier absorbant huilé, et placez le poisson au centre de la feuille. Recouvrez de l'oignon et du parmesan, du poivre, et du jus de citron. Pliez la feuille de papier aluminium assez lâchement sur le poisson, en laissant beaucoup d'espace pour l'air. Retournez délicatement et pliez les extrémités et le milieu afin que le jus ne fuie pas. Mettez au four préchauffé pendant 18 minutes.

Pendant ce temps, faites cuire les haricots verts à la vapeur : dans une grande casserole équipée d'un panier vapeur, faites bouillir un fond d'eau. Placez les haricots dans le panier et laissez-les jusqu'à ce qu'ils soient tendres mais croquants, 10 minutes. Égouttez, placez dans un plat de service, et ajoutez les amandes. Lorsque le poisson est cuit, ouvrez prudemment la papillote pour éviter tout risque de brûlure à la vapeur, et mettez dans une assiette. Servez avec les haricots verts.

Servez l'ananas en dessert.

JOURNÉE 3

■ Petit déjeuner : Crème de fruits

Ingrédients
- 20 g de poudre de protéines
- 1 tasse de fraises
- 1 tasse de framboises
- 4 noix de cajou (ou 7 cacahuètes) pilées
- 4 glaçons

Préparation
Placez les ingrédients dans un mixeur et mixez à grande vitesse jusqu'à ce que le mélange soit onctueux (environ

1 minute). Ajoutez un peu d'eau si le mélange est trop épais. Vous pouvez aussi manger les noix à part.

■ Déjeuner : Cheeseburger

Ingrédients
- 100 g de bœuf haché maigre – moins de 10 % de m.g. – (ou 100 g de dinde hachée ou 100 g de tofu)
- 30 g de fromage allégé
- 1 cuillerée à soupe de mayonnaise allégée
- 1/2 pain à hamburger
- 1 tranche de tomate épaisse (facultatif)
- 1 grande feuille de salade (facultatif)
- 1 tranche de cornichon doux (facultatif)

Pour le dessert
2/3 de tasse de compote de pomme sans sucre ajouté, cannelle

Préparation
Faites chauffer le gril. Placez le steak haché sur du papier alu ou une grille et faites-le griller 5 minutes. Retournez et laissez cuire encore 5 minutes si vous l'aimez à point. Une minute avant la fin de la cuisson, recouvrez de fromage, et enlevez quand il est fondu. Étalez la mayonnaise sur le petit pain. Recouvrez avec le steak haché, la tomate, et la feuille de salade. Servez le cornichon à part.
Saupoudrez la compote de pomme de cannelle et servez en dessert.

■ Dîner : Ragoût végétarien

Ingrédients
- 1 cuillerée à café d'huile d'olive
- 2/3 de tasse de miettes de surimi (ou 120 g de tofu ferme)
- 1 + 1/2 tasse d'oignons jaunes, pelés et émincés
- 2 tasses de brocolis lavés
- 2 tasses de champignons lavés, séchés et finement émincés
- 30 g de gruyère allégé (20 % de m.g.) râpé

Pour le dessert
1/2 tasse de raisin

Préparation
Faites chauffer l'huile dans une sauteuse anti-adhésive ou dans un faitout à feu moyen. Si vous utilisez du tofu, enlevez-le de l'emballage, égouttez-le, et émiettez-le. Ajoutez le tofu ou les miettes de surimi et remuez jusqu'à ce ce soit mélangé à l'huile. Ajoutez les oignons, les brocolis et les champignons. Réduisez le feu et faites sauter en remuant souvent, jusqu'à ce que les légumes soient tendres (environ 15 minutes). Ajoutez le fromage et chauffez jusqu'à ce qu'il fonde (environ 1 minute).
Servez le raisin en dessert.

JOURNÉE 4

■ Petit déjeuner : Œufs brouillés au jambon

Ingrédients
- Quelques gouttes d'huile sur du papier absorbant
- 4 blancs d'œufs

- 1 cuillerée à café d'huile d'olive
- 1 cuillerée à soupe de lait écrémé (facultatif)
- 30 g de jambon dégraissé découenné (ou 3 tranches de dinde dégraissée découennée ou 2 saucisses de soja)

Pour le dessert
1 tasse de raisin
1 tasse de quartiers d'orange

Préparation
Préparez votre poêle en appliquant 3 gouttes d'huile d'olive (ou d'arachide) frottées avec du papier absorbant et faites chauffer à feu moyen. Battez les blancs d'œufs avec l'huile d'olive et éventuellement le lait. Versez dans la poêle et faites cuire, en remuant souvent, jusqu'à ce que les œufs soient brouillés et totalement cuits. Préparez le jambon ou les saucisses de soja en suivant les recommandations inscrites sur l'emballage.
Mélangez le raisin et l'orange et servez en dessert.

■ Déjeuner : Sauce au tofu et crudités

Ingrédients
- 120 g de tofu ferme
- 30 g de fromage allégé râpé
- 1/4 de tasse de pois chiches, égouttés et rincés
- 1 cuillerée à café d'huile d'olive
- 2 cuillerées à soupe de jus de citron
- 1/2 oignon émincé, de l'ail ou du bouillon de légumes en cubes
- 1 poivron vert de taille moyenne, lavé, vidé, épépiné, et coupé en lamelles
- 2 tasses de brocolis

Pour le dessert
1 kiwi

Préparation
Égouttez le tofu. Placez le tofu, le fromage, les pois chiches, l'huile d'olive, le jus de citron et le 1/2 oignon émincé dans le mixeur. Mixez jusqu'à ce que le mélange soit onctueux. (Pour un meilleur goût, placez la sauce au frais au moins 2 heures ou toute la nuit.) Disposez la sauce dans un bol au centre d'une grande assiette. Arrangez les morceaux de poivron et de brocolis autour du bol pour que l'on puisse les tremper facilement dans la sauce.
Servez le kiwi en dessert.

■ Dîner : Agneau épicé aux légumes

Ingrédients
- 150 g d'agneau haché maigre
- 1 cuillerée à café de vinaigre de cidre
- 1 cuillerée à café d'huile d'olive
- 1/2 tasse d'oignons verts, finement émincés
- 3/4 de tasse d'oignons rouges, coupés en morceaux
- 2 tasses de champignons
- 1 + 1/2 tasse de tomates coupées en dés
- 1/2 tasse de haricots verts coupés en dés
- 1 cuillerée à soupe de ciboulette
- 2 cuillerées à café de gingembre frais émincé
- 1/4 de cuillerée à café de cumin
- 1/4 de cuillerée à café de coriandre
- 1/8 de cuillerée à café de poivre noir
- 1/2 cuillerée à café de sel de céleri
- 1/8 de cuillerée à café de cannelle

Préparation

Dans un petit bol en verre, mélangez l'agneau, le vinaigre, et les épices. Couvrez et placez au réfrigérateur pendant 30 minutes. Faites chauffer l'huile dans une sauteuse anti-adhésive moyenne. Ajoutez le mélange de viande et les légumes. Mettez sur le feu ; remuez la viande à mesure de la cuisson, jusqu'à ce que l'agneau soit cuit et les légumes tendres. Mettez dans un plat et servez.

JOURNÉE 5

■ Petit déjeuner : Flocons d'avoine à l'ancienne

Ingrédients

- 2/3 de tasse de flocons d'avoine à cuisson lente *
- 60 g de jambon dégraissé découenné (ou 4 tranches de dinde allégée ou 2 saucisses de soja)
- 1/3 de tasse de compote de pomme sans sucre ajouté
- 1 cuillerée à soupe d'amandes effilées
- 1 pincée de muscade
- 1/4 de tasse de fromage blanc ou de fromage en faisselle à 0 % de m.g.

Préparation

Faites bouillir 3 tasses d'eau à feu vif. Ajoutez les flocons d'avoine en remuant vigoureusement. Quand la préparation

----

* Par cuisson lente, nous entendons cuisson lente ! Les flocons d'avoine qui se prétendent à cuisson lente mais cuisent en 5 minutes ne sont pas authentiques. Pour réduire le temps de préparation le matin, faites-en cuire une grande quantité durant le week-end, congelez, et passez au micro-ondes la portion dont vous avez besoin le matin.

devient onctueuse et commence à s'épaissir, mettez à feu doux et laissez mijoter pendant 30 minutes en remuant de temps à autre.

Pendant que les flocons d'avoine cuisent, préparez le jambon ou les saucisses de soja en suivant les instructions de l'emballage. Retirez les flocons d'avoine du feu. Ajoutez la compote et les amandes. Saupoudrez de cannelle et de muscade.

Servez le jambon et le fromage blanc à part.

■ Déjeuner : Chili (à la viande ou végétarien)

Ingrédients

- 1 cuillerée à café d'huile d'olive
- 150 g de bœuf haché maigre (ou de dinde hachée, ou 1 tasse de miettes de tofu ou de surimi)
- 1/4 de tasse d'oignons jaunes, pelés et émincés
- 1 cuillerée à café de piment en poudre (ou plus suivant le goût)
- 1/2 cuillerée à café d'ail en poudre (ou plus suivant le goût)
- 1/2 cuillerée à café de poivre fraîchement moulu (ou plus suivant le goût)
- 1 tasse de sauce tomate (ou de tomates cuites et leur jus)
- 1/4 de tasse de haricots rouges, égouttés et rincés
- 1 pincée de parmesan râpé (facultatif)

Préparation

Dans une grande sauteuse anti-adhésive, faites chauffer l'huile à feu moyen. Ajoutez la viande en remuant souvent, jusqu'à ce qu'elle brunisse légèrement (environ 5 minutes). Si vous utilisez des miettes de protéines végétales, chauffez jusqu'à ce qu'elles soient mélangées à l'huile (environ 2 minutes). Ajoutez les oignons, le piment en poudre, l'ail en poudre, le poivre, la sauce tomate et les haricots rouges. Laissez mijoter en remuant de temps à autre (environ 20 minutes). Placez dans un bol et recouvrez de parmesan si vous le désirez.

■ Dîner : Scampi de crevettes avec légumes

Ingrédients
- 1 cuillerée à café d'huile d'olive
- 1 tasse d'asperges lavées, les extrémités dures ôtées, et découpées en morceaux de 2,5 cm de long
- 3/4 de tasse d'oignons jaunes pelés et finement émincés
- 1 poivron vert de taille moyenne lavé, vidé, épépiné et coupé grossièrement
- 2 gousses d'ail pelées, émincées (ou plus suivant le goût)
- 150 g de crevettes décortiquées
- 1/4 de tasse de vin blanc sec (facultatif)
- 1 à 2 cuillerées à café de jus de citron (ou plus suivant le goût)
- 2 quartiers de citron (facultatif)

Pour le dessert
1 pêche de taille moyenne (ou 1/2 mangue ou 1 beau kiwi)

Préparation
Dans une grande poêle anti-adhésive, faites chauffer l'huile à feu moyen. Faites sauter les asperges, les oignons, le poivron vert et l'ail en remuant souvent jusqu'à ce que les légumes soient tendres (environ 10 minutes). Ajoutez les crevettes, le vin blanc, et le jus de citron. Réglez la flamme

sur feu moyen et laissez cuire 5 minutes en remuant souvent jusqu'à ce que les crevettes soient roses. Placez sur une assiette et décorez avec les quartiers de citron.

Servez la pêche en dessert.

JOURNÉE 6

■ Petit déjeuner : Omelette espagnole

Ingrédients

- 2 gouttes d'huile d'arachide (ou d'olive) sur du papier absorbant
- 2 cuillerées à soupe d'oignons jaunes, pelés et finement émincés *
- 2 cuillerées à soupe de poivron vert vidé, épépiné et grossièrement coupé*
- 4 gros blancs d'œufs
- 1 cuillerée à soupe de lait écrémé (facultatif)
- 1 cuillerée à café de piment en poudre – ou plus suivant le goût – (facultatif)
- 1 cuillerée à café d'huile d'olive
- 1/4 de tasse de haricots noirs en conserve, égouttés
- 30 g de gruyère râpé à 20 % de m.g. (ou 20 g de parmesan)
- 1 cuillerée à soupe de sauce tomate (facultatif)

Pour le dessert
1 orange moyenne

Préparation
_____

* Personne n'a envie de couper des légumes au saut du lit. Achetez des oignons et des poivrons verts surgelés et prélevez la quantité nécessaire. Replacez le reste au congélateur.

Frottez le fond d'une grande sauteuse anti-adhésive avec le papier absorbant, et chauffez à feu moyen. Ajoutez l'oignon, le poivron vert et faites sauter, en remuant souvent, jusqu'à ce que les légumes soient tendres (environ 10 minutes). Ôtez du feu et réservez. Entre-temps, battez les blancs d'œufs avec le lait, si vous en utilisez. Ajoutez le piment en poudre. Faites chauffer l'huile d'olive dans la sauteuse anti-adhésive à feu moyen. Versez les blancs d'œufs et faites cuire jusqu'à ce que ce soit presque prêt, en soulevant de temps à autre les bords pour que la partie non cuite coule en dessous. 2 à 3 minutes. Lorsque les œufs sont cuits, placez les oignons, le poivron vert, les haricots noirs, et le fromage par-dessus. Pliez avec une spatule, et continuez à faire cuire jusqu'à ce que ce soit légèrement doré, environ 1 minute. Recouvrez de sauce tomate.

Servez l'orange au dessert.

■ Déjeuner : Salade de poulet grillé

Ingrédients

- 1 tasse de feuilles de romaine, lavées, essorées et déchirées en grands morceaux
- 1 tasse de brocolis
- 1/2 poivron vert vidé, épépiné et coupé en fines lamelles
- 1 tomate moyenne coupée en tranches
- 1 cuillerée à soupe d'assaisonnement huile d'olive/vinaigre
- 1 cuillerée à soupe de jus de citron
- 1 cuillerée à café de sauce Worcestershire (ou de sauce de soja)
- 1/2 cuillerée à café de poivre fraîchement moulu (ou plus suivant le goût)

- 100 g de blanc de poulet grillé sans peau, coupé en morceaux de la taille d'une bouchée

Pour le dessert
1 poire moyenne

Préparation
Mélangez la romaine avec les brocolis, le poivron vert et la tomate. Mélangez l'assaisonnement avec le jus de citron, la sauce Worcestershire et le poivre. Mélangez avec les crudités jusqu'à ce que l'assaisonnement soit bien réparti et placez les morceaux de poulet par-dessus.
Servez la poire en dessert.

■ Dîner : Saumon grillé

Ingrédients
- 120 g de steak de saumon d'environ 2,5 cm d'épaisseur
- 1 cuillerée à café d'huile d'olive
- 1/2 cuillerée à café de romarin (ou plus suivant le goût)
- 1/2 cuillerée à café d'estragon (ou plus suivant le goût)
- 1/2 cuillerée à café d'aneth (ou plus suivant le goût)
- 2 tasses de courgettes lavées, extrémités coupées, et tranchées en lamelles d'environ 5 mm d'épaisseur

Pour le dessert
1 pomme

Préparation
Préchauffez le gril. Avec un pinceau, recouvrez le saumon d'huile et saupoudrez d'herbes. Sur un plat à rôtir ou une feuille d'aluminium, faites griller pendant 4 à 5 minutes de

chaque côté, selon l'épaisseur et en ne retournant qu'une fois. Entre-temps, faites cuire les courgettes à la vapeur : dans une grande casserole pourvue d'un panier vapeur, faites bouillir un fond d'eau. Ajoutez les courgettes dans le panier et laissez cuire jusqu'à ce qu'elles soient tendres mais encore croquantes, 4 à 6 minutes.

Servez la pomme en dessert.

JOURNÉE 7

■ Petit déjeuner : Omelette aux légumes

Ingrédients
- 1 tasse d'asperges, extrémités dures ôtées, coupées en biais en morceaux de 2,5 cm
- 1 cuillerée à café d'huile d'olive
- 1/4 de tasse d'oignons jaunes, pelés et finement émincés
- 1/2 de tasse de champignons de Paris, lavés, séchés et finement émincés
- 4 blancs d'œufs
- 3 gouttes d'huile d'olive sur du papier absorbant
- 3 tranches de dinde (ou 30 g de jambon dégraissé découenné ou 2 saucisses de soja)
- 2/3 de tasse de quartiers d'orange

Préparation
Dans une grande casserole dotée d'un panier vapeur, portez à ébullition un fond d'eau. Placez les asperges dans le panier et faites cuire jusqu'à ce qu'elles soient tendres mais croquantes (5 minutes), puis réservez. Faites chauffer l'huile d'olive dans une grande poêle anti-adhésive à feu moyen. Ajoutez les oignons et les champignons et faites légèrement

sauter jusqu'à ce que l'oignon ait réduit (environ 10 minutes). Enlevez de la poêle et laissez refroidir. Entre-temps, battez les blancs en neige avec le lait, si vous en utilisez, et mélangez aux oignons et aux champignons refroi-dis. Frottez le fond de la poêle avec le papier absorbant huilé et faites chauffer à feu moyen. Versez la préparation et faites cuire jusqu'à ce que ce soit presque prêt, en levant de temps à autre les bords pour que les parties non cuites s'écoulent en dessous (environ 3 minutes). Lorsque les œufs sont prêts, recouvrez avec les asperges et pliez à l'aide d'une spatule. Poursuivez la cuisson jusqu'à ce que l'omelette soit légèrement dorée (environ 1 minute). Préparez le jambon ou les saucisses en suivant les instructions sur l'emballage, et servez à part avec l'orange.

■ Déjeuner : Tomates farcies

Ingrédients
- 100 g de thon en boîte au naturel, égoutté
- 1 cuillerée à soupe de mayonnaise allégée
- 1/4 de tasse de céleri lavé et émincé
- 1 cuillerée à soupe d'oignon pelé et émincé
- 2 grosses tomates lavées, équeutées et vidées

Pour le dessert
1 nectarine

Préparation
Dans un saladier, mélangez le thon, la mayonnaise, le céleri et l'oignon. Farcissez-en les tomates et servez.
Servez la nectarine en dessert.

■ Dîner : Poulet Marina et Salade aux trois haricots*

Ingrédients

- 1 + 1/2 tasse de haricots verts lavés, équeutés et coupés en deux
- 1/4 de tasse de pois chiches égouttés
- 1/4 de tasse de haricots rouges égouttés
- 1 cuillerée à café d'huile d'olive
- 2 cuillerées à soupe de vinaigre de cidre (ou plus selon le goût)
- 1 cuillerée à café de ciboulette séchée
- 1 cuillerée à café de persil séché
- 1/2 cuillerée à café de poivre fraîchement moulu (ou plus selon le goût)
- 1 + 1/2 cuillerée à café de basilic séché
- 60 g de blanc de poulet sans os et sans peau
- 2 cuillerées à soupe de sauce tomate
- 1/4 de cuillerée à café d'ail en poudre (ou à volonté)
- 30 g de mozzarella maigre émiettée

Préparation

Préchauffez le four à température moyenne (thermostat 6). Dans une grande casserole pourvue d'un panier vapeur, faites bouillir un fond d'eau. Placez les haricots verts dans le panier et laissez cuire jusqu'à ce qu'ils soient tendres mais encore croquants (10 minutes). Retirez du panier et égouttez puis mélangez avec les pois chiches et les haricots rouges. Dans un petit saladier, mélangez l'huile d'olive, le vinaigre, la ciboulette, le persil, le poivre et 1 cuillerée à café de basilic.

---

* Si possible, préparez la salade aux trois haricots à l'avance (jusqu'à 2 jours) et conservez au réfrigérateur dans un récipient hermétiquement fermé.

Mélangez avec les haricots verts, couvrez et mettez au frais pendant 30 minutes. Placez le poulet sur une grande feuille de papier aluminium. Couvrez le poulet de la sauce tomate et saupoudrez du reste de basilic, de l'ail en poudre et du fromage. Repliez la feuille d'aluminium assez largement sur le poulet, en laissant beaucoup d'espace pour l'air. Retournez et fermez les extrémités et le milieu afin que le jus ne fuie pas. Faites cuire dans le four préchauffé et ouvrez prudemment la feuille d'aluminium pour éviter de vous brûler avec la vapeur. Servez avec la salade de haricots.

Semaine type pour un homme

JOURNÉE 1

■ Petit déjeuner : Salade de fruits

Ingrédients
- 1 tasse de fromage blanc à 20 % de m.g.
- 1 tasse d'ananas frais (ou en boîte allégé en sucre) coupé en petits dés
- 2/3 de tasse de quartiers d'orange frais (ou en boîte allégés en sucre) et égouttés
- 4 noix de cajou (ou 8 cacahuètes) pilées

Préparation
Placez le fromage blanc dans un bol. Incorporez l'ananas, l'orange et les noix.

■ Déjeuner : Salade du Chef

Ingrédients
- 1 tasse de salade verte lavée, séchée et déchirée en grands morceaux
- 1/2 tasse de pois chiches, égouttés et rincés
- 1/2 tasse de têtes de champignons lavés, séchés et grossièrement émincés
- 1/2 tasse de céleri lavé, séché et grossièrement émincé
- 4 cuillerées à café d'assaisonnement huile d'olive/vinaigre *
- 100 g de jambon de dinde coupé en lamelles
- 50 g de jambon de porc coupé en lamelles
- 30 g de gruyère à 20 % (ou de tomme de Savoie à 20 % ou 20 g de parmesan râpé)

Pour le dessert
1 pomme moyenne

Préparation
Mélangez la salade verte avec les pois chiches, les champignons et le céleri, et ajoutez la viande et le fromage.
Servez la pomme en dessert.

■ Dîner : Poulet au gingembre

Ingrédients
- 1 + 1/3 cuillerée à café d'huile d'olive
- 120 g de blanc de poulet sans peau coupé dans la longueur en fines lamelles

---

* L'assaisonnement en Équilibre contient 1 cuillerée à café d'huile d'olive et 2 cuillerées à café de vinaigre. La quantité de vinaigre peut être augmentée à volonté.

- 2 tasses de brocolis lavés
- 1 + 1/2 tasse de haricots mange-tout lavés
- 3/4 de tasse d'oignons jaunes épluchés et émincés
- 1 cuillerée à café de gingembre frais râpé

Pour le dessert
1 tasse de raisin

Préparation
Dans un faitout ou une grande poêle anti-adhésive, faites chauffer l'huile à feu assez vif. Ajoutez le poulet et faites sauter en remuant fréquemment, jusqu'à ce qu'il soit légèrement doré (environ 5 minutes). Ajoutez les brocolis, les haricots mange-tout, l'oignon, le gingembre et 1/2 tasse d'eau. Poursuivez la cuisson en remuant souvent, jusqu'à ce que le poulet soit cuit, que l'eau soit réduite à un nappage, et que les légumes soient tendres (environ 20 minutes). Si la poêle est trop sèche au cours de la cuisson, ajoutez de l'eau par cuillerées à soupe pour mouiller.
Servez le raisin en dessert.

JOURNÉE 2

■ Petit déjeuner : Yaourt et fruit

Ingrédients
- 30 g de jambon dégraissé découenné (ou au choix 3 tranches de poitrine de dinde ou 2 saucisses de soja)
- 1/2 tasse de fraises ou de framboises
- 4 cuillerées à café d'amandes effilées
- 1 + 1/2 tasse de yaourt nature maigre

Instructions

Préparez le jambon ou les saucisses de soja en suivant les instructions sur l'emballage. Mélangez les fruits et les amandes au yaourt, et servez avec le jambon ou les saucisses à part.

■ Déjeuner : Salade de thon

Ingrédients

- 120 g de thon en boîte au naturel, égoutté
- 1/4 de tasse de céleri, lavé, séché et grossièrement émincé
- 4 cuillerées à café d'assaisonnement huile d'olive/vinaigre
- 1 ou 2 feuilles de salade verte, lavée et séchée
- 1/2 melon épépiné
- 3/4 de tasse de fraises (ou de framboises) rincées et égouttées

Préparation

Mélangez le thon au céleri et à l'assaisonnement. Préparez un lit de salade verte et placez-y le mélange.

Fourrez le melon avec les fraises et servez en dessert.

■ Dîner : Carrelet en papillote et haricots verts

Ingrédients

- Quelques gouttes d'huile sur un papier absorbant
- 180 g de filet de carrelet sans arêtes (ou le poisson blanc et doux de votre choix)
- 2 cuillerées à soupe d'oignons jaunes, pelés et émincés
- 1 pincée de parmesan
- 1/4 de cuillerée à café de poivre fraîchement moulu (ou plus selon le goût)

- 1 filet de jus de citron
- 3 tasses de haricots verts frais, lavés, équeutés et coupés en deux
- 4 cuillerées à café d'amandes effilées

Pour le dessert
3 tranches d'ananas frais (ou en conserve au naturel)

Préparation
Préchauffez le four (thermostat 5). Prenez une feuille de papier aluminium de 50 × 30 cm. Frottez le centre avec un papier absorbant huilé et disposez le poisson au centre de la feuille. Recouvrez de l'oignon et du parmesan, du poivre, et du jus de citron. Pliez la feuille de papier aluminium assez lâchement sur le poisson, en laissant beaucoup d'espace pour l'air. Retournez délicatement et pliez les extrémités et le milieu afin que le jus ne fuie pas. Faire cuire dans le four préchauffé pendant 18 minutes.
Pendant ce temps, faites cuire les haricots verts à la vapeur : dans une grande casserole équipée d'un panier vapeur, faites bouillir un fond d'eau. Mettez les haricots dans le panier et laissez jusqu'à ce qu'ils soient tendres mais croquants, 10 minutes. Égouttez, placez dans un plat de service, et ajoutez les amandes. Lorsque le poisson est cuit, ouvrez prudemment la papillote afin d'éviter de vous brûler avec la vapeur, et disposez dans une assiette. Servez avec les haricots verts. Servez l'ananas en dessert.

JOURNÉE 3

■ Petit déjeuner : Crème de fruits

Ingrédients
- 27 g de poudre de protéines
- 1 tasse de fraises
- 1 + 1/2 tasse de framboises
- 6 noix de cajou (ou 8 cacahuètes) pilées
- 6 glaçons

Préparation
Placez les ingrédients dans le bol d'un mixeur et mixez à grande vitesse jusqu'à ce que le mélange soit crémeux (environ 1 minute). Ajoutez un peu d'eau si le mélange est trop épais. Vous pouvez également manger les noix à part.

■ Déjeuner : Cheeseburger

Ingrédients
- 150 g de bœuf haché maigre – moins de 10 % de m.g. – (ou 150 g de dinde hachée ou 150 g de tofu)
- 30 g de fromage allégé
- 1 cuillerée à soupe de mayonnaise allégée
- 1/2 pain à hamburger
- 1 tranche de tomate épaisse (facultatif)
- 1 grande feuille de salade (facultatif)
- 1 tranche de gros cornichon (facultatif)
- 3 olives noires

Pour le dessert
1 tasse de compote de pommes sans sucre ajouté, cannelle

Préparation

Faites chauffer le gril. Placez le steak haché sur du papier alu ou une grille et faites-le griller 5 minutes. Retournez et laissez cuire encore 5 minutes si vous l'aimez à point. Une minute avant la fin de la cuisson, recouvrez de fromage et enlevez du gril lorsqu'il est fondu. Étalez la mayonnaise sur le petit pain. Recouvrez du steak haché, de la tomate et de la feuille de salade. Servez le cornichon à part.

Saupoudrez la compote de pomme de cannelle et servez en dessert.

■ Dîner : Ragoût végétarien

Ingrédients

- 1 cuillerée à café + 1/3 d'huile d'olive
- 1 tasse de miettes de surimi (ou 120 g de tofu ferme)
- 1 + 1/2 tasse d'oignon jaune, pelé et émincé
- 2 tasses de brocolis lavés
- 2 tasses de champignons lavés, séchés et finement émincés
- 30 g de gruyère râpé allégé (ou 20 g de parmesan râpé)

Pour le dessert

1 tasse de raisin

Préparation

Faites chauffer l'huile dans une sauteuse anti-adhésive ou dans un faitout à feu moyen. Si vous utilisez du tofu, enlevez-le de l'emballage, égouttez-le, et émiettez-le. Ajoutez le tofu ou les miettes de surimi et remuez jusqu'à ce que ce soit mélangé à l'huile. Ajoutez les oignons, les brocolis et les champignons. Réduisez le feu et faites sauter en remuant souvent, jusqu'à ce que les légumes soient tendres, environ 15 minutes. Ajoutez le fromage et poursuivez jusqu'à ce qu'il fonde, environ 1 minute.

Servez le raisin en dessert.

JOURNÉE 4

■ Petit déjeuner : Œufs brouillés au jambon

Ingrédients

- Quelques gouttes d'huile d'arachide (ou d'olive) sur du papier absorbant
- 6 blancs d'œufs
- 1 cuillerée à café + 1/3 d'huile d'olive
- 1 cuillerée à soupe de lait écrémé (facultatif)
- 30 g de jambon dégraissé découenné (ou 3 tranches de dinde ou 2 saucisses de soja)

Pour le dessert

1 tasse de raisin
2/3 de tasse de quartiers d'orange

Préparation

Préparez la poêle en la frottant avec le papier absorbant graissé et faites chauffer à feu moyen. Battez les blancs d'œufs avec l'huile d'olive et le lait, si vous en utilisez. Versez dans la poêle et faites cuire, en remuant souvent, jusqu'à ce que les œufs soient brouillés et totalement cuits. Préparez le jambon ou les saucisses de soja en suivant les recommandations inscrites sur l'emballage.

Mélangez le raisin et l'orange et servez en dessert.

■ Déjeuner : Sauce au tofu et crudités

Ingrédients
- 180 g de tofu ferme
- 30 g de fromage allégé râpé
- 1/2 tasse de pois chiches, égouttés et rincés
- 1 cuillerée à café + 1/3 d'huile d'olive
- 2 cuillerées à soupe de jus de citron
- 2/3 d'un oignon émincé, de l'ail ou du bouillon de légumes en cubes
- 1 poivron vert de taille moyenne, lavé, vidé, épépiné, et coupé en lamelles
- 2 tasses de brocolis

Pour le dessert
1 kiwi

Préparation
Égouttez le tofu. Placez le tofu, le fromage, les pois chiches, l'huile d'olive, le jus de citron et l'oignon émincé dans le bol du mixeur. Mixez jusqu'à ce que le mélange soit onctueux. (Pour un meilleur goût, laissez la sauce au moins 2 heures ou toute la nuit au réfrigérateur.) Présentez la sauce dans un bol au centre d'une grande assiette. Arrangez les morceaux de poivron et de brocolis autour du bol afin qu'on puisse les tremper facilement dans la sauce.
Servez le kiwi en dessert

■ Dîner : Agneau épicé aux légumes

Ingrédients
- 180 g d'agneau haché maigre
- 1/5 de tasse de riz brun
- 1 cuillerée à café de vinaigre de cidre
- 1 cuillerée à café + 1/3 d'huile d'olive
- 1/2 tasse d'oignons verts, finement émincés
- 3/4 de tasse d'oignons rouges, coupés en morceaux
- 2 tasses de champignons
- 1 + 1/2 tasse de tomates coupées en dés
- 1/2 tasse de haricots verts coupés en dés
- 1 cuillerée à soupe de ciboulette
- 2 cuillerées à café de gingembre frais émincé
- 1/4 de cuillerée à café de cumin
- 1/4 de cuillerée à café de coriandre
- 1/8 de cuillerée à café de poivre noir
- 1/2 cuillerée à café de sel de céleri
- 1/8 de cuillerée à café de cannelle

Préparation
Dans un petit saladier en verre, mélangez l'agneau, le vinaigre et les épices. Couvrez et placez au réfrigérateur pendant 30 minutes. Faites chauffer l'huile dans une sauteuse anti-adhésive moyenne. Ajoutez le mélange de viande et les légumes. Faites cuire, remuez la viande à mesure de la cuisson, jusqu'à ce que l'agneau soit cuit et les légumes tendres. Mettez dans un plat et servez.

JOURNÉE 5

■ Petit déjeuner : Flocons d'avoine à l'ancienne

Ingrédients

- 1 tasse de flocons d'avoine à cuisson lente*
- 60 g de jambon dégraissé découenné (ou 6 tranches de dinde ou 2 saucisses de soja)
- 1/3 de tasse de compote de pomme sans sucre ajouté
- 1 cuillerée à soupe d'amandes effilées
- 1 pincée de muscade
- 1 pincée de cannelle
- 1/2 tasse de fromage blanc (ou de fromage en faisselle) à 0 % de m.g.

Préparation

Faites bouillir 3 tasses d'eau à feu vif. Ajoutez les flocons d'avoine en remuant énergiquement. Quand la préparation devient onctueuse et qu'elle commence à s'épaissir, mettez à feu doux et laissez mijoter pendant 30 minutes, en remuant de temps à autre. Pendant que les flocons d'avoine cuisent, préparez le jambon ou les saucisses de soja en suivant les instructions de l'emballage. Enlevez les flocons d'avoine du feu. Ajoutez la compote et les amandes. Saupoudrez de cannelle et de muscade. Servez le jambon et le fromage blanc à part.

---

* Par cuisson lente, nous entendons cuisson lente. Les flocons d'avoine qui se prétendent à cuisson lente mais cuisent en 5 minutes ne sont pas authentiques. Pour réduire le temps de préparation le matin, préparez-en une grande quantité durant le week-end, congelez, et passez au micro-ondes la quantité dont vous avez besoin le matin.

■ Déjeuner : Chili (à la viande ou végétarien)

Ingrédients
- 1 cuillerée à café + 1/3 d'huile d'olive
- 180 g de bœuf haché maigre (ou de dinde hachée ou 1 tasse + 1/3 de miettes de tofu ou de surimi)
- 1/4 de tasse d'oignons jaunes, pelés et émincés
- 1 cuillerée à café de piment en poudre (ou plus selon le goût)
- 1/2 cuillerée à café d'ail en poudre (ou plus selon le goût)
- 1/2 cuillerée à café de poivre fraîchement moulu (ou plus selon le goût)
- 1 + 1/2 tasse de sauce tomate (ou de tomates cuites et leur jus)
- 1/4 de tasse de haricots rouges, égouttés et rincés
- 1 pincée de parmesan râpé (facultatif)

Préparation
Dans une grande sauteuse anti-adhésive, faites chauffer l'huile à feu moyen. Ajoutez la viande en remuant souvent, jusqu'à ce qu'elle brunisse légèrement (environ 5 minutes). Si vous utilisez de la poudre de protéines, chauffez jusqu'à ce qu'elle soit mélangée à l'huile (environ 2 minutes). Ajoutez les oignons, le piment en poudre, l'ail en poudre, le poivre, la sauce tomate et les haricots rouges. Laissez mijoter en remuant de temps à autre (environ 20 minutes). Placez dans un bol et recouvrez de parmesan si vous le désirez.

■ Dîner : Scampi de crevettes avec légumes

Ingrédients
- 1 cuillerée à café + 1/3 d'huile d'olive

- 1 + 1/2 tasse d'asperges lavées, les extrémités dures ôtées, et découpées en morceaux de 2,5 cm de long
- 1 + 1/2 tasse d'oignons jaunes pelés et finement émincés
- 1 poivron vert de taille moyenne lavé, vidé, épépiné et coupé grossièrement
- 2 gousses d'ail pelées et émincées (ou à volonté)
- 180 g de crevettes décortiquées
- 1/4 de tasse de vin blanc sec (facultatif)
- 1 à 2 cuillerées à café de jus de citron (ou plus selon le goût)
- 2 quartiers de citron (facultatif)

Pour le dessert
1 pêche de taille moyenne (ou 1/2 mangue ou 1 beau kiwi)

Préparation
Dans une grande poêle anti-adhésive, faites chauffer l'huile à feu moyen. Faites sauter les asperges, les oignons, le poivron vert et l'ail, en remuant souvent jusqu'à ce que les légumes soient tendres (environ 10 minutes). Ajoutez les crevettes, le vin blanc et le jus de citron. Réglez la flamme sur feu moyen et laissez cuire 5 minutes en remuant souvent jusqu'à ce que les crevettes soient roses. Placez sur une assiette et décorez avec les quartiers de citron.
Servez la pêche en dessert.

JOURNÉE 6

■ Petit déjeuner : Omelette espagnole

Ingrédients
- 3 gouttes d'huile d'arachide sur du papier absorbant

- 2 cuillerées à soupe d'oignons jaunes, pelés et finement émincés *
- 2 cuillerées à soupe de poivron vert vidé, épépiné et grossièrement coupé*
- 6 gros blancs d'œufs
- 1 cuillerée à soupe de lait écrémé (facultatif)
- 1 cuillerée à café de piment en poudre – ou plus selon le goût – (facultatif)
- 1 cuillerée à café + 1/3 d'huile d'olive
- 1/2 tasse de haricots noirs en conserve, égouttés
- 30 g de gruyère râpé à 20 % de m.g. (ou 20 g de parmesan)
- 1 cuillerée à soupe de sauce tomate (facultatif)

Pour le dessert
1 orange moyenne

Préparation
Frottez le fond d'une grande sauteuse anti-adhésive avec le papier absorbant huilé et chauffez à feu moyen. Ajoutez l'oignon, le poivron vert et faites sauter, en remuant souvent, jusqu'à ce que les légumes soient tendres (environ 10 minutes). Ôtez du feu et réservez. Entre-temps, battez les blancs d'œufs avec le lait, si vous en utilisez. Ajoutez le piment en poudre. Faites chauffer l'huile d'olive dans la grande sauteuse anti-adhésive à feu moyen. Versez les blancs d'œufs et faites cuire jusqu'à ce que ce soit presque prêt, en soulevant de temps à autre les bords pour que la partie non cuite coule en dessous (2 à 3 minutes). Lorsque les œufs sont cuits, placez les oignons, le poivron vert, les

---

* Personne n'a envie de couper des légumes au saut du lit. Achetez des oignons et des poivrons verts surgelés et prélevez la quantité nécessaire. Replacez le reste au congélateur.

haricots noirs et le fromage par-dessus. Pliez avec une spatule et poursuivez la cuisson jusqu'à ce que ce soit légèrement doré (environ 1 minute). Recouvrez de sauce tomate. Servez l'orange au dessert.

■ Déjeuner : Salade de poulet grillé

Ingrédients
- 2 tasses de feuilles de romaine, lavées, essorées et déchirées en grands morceaux
- 1 tasse de brocolis
- 1/2 poivron vert vidé épépiné et coupé en fines lamelles
- 1/4 de tasse de haricots rouges rincés et égouttés
- 1 tomate moyenne coupée en tranches
- 4 cuillerées à café d'assaisonnement huile d'olive/vinaigre
- 1 cuillerée à soupe de jus de citron
- 1 cuillerée à café de sauce Worcestershire (ou de sauce de soja)
- 1/2 cuillerée à café de poivre fraîchement moulu (ou plus selon le goût)
- 120 g de blanc de poulet grillé sans peau, coupé en morceaux de la taille d'une bouchée

Pour le dessert
1 poire moyenne

Préparation
Mélangez la romaine avec les brocolis, le poivron vert et la tomate. Complétez l'assaisonnement huile d'olive/vinaigre avec le jus de citron, la sauce Worcestershire et le poivre. Mélangez avec les crudités jusqu'à ce que ce soit bien réparti, et surmontez des morceaux de poulet.
Servez la poire en dessert.

■ Dîner : Saumon grillé

Ingrédients

- 180 g de steak de saumon d'environ 2,5 cm d'épaisseur
- 1 cuillerée à café + 1/3 d'huile d'olive
- 1/2 cuillerée à café de romarin (ou plus selon le goût)
- 1/2 cuillerée à café d'estragon (ou plus selon le goût)
- 1/2 cuillerée à café d'aneth (ou plus selon le goût)
- 2 tasses de courgettes lavées, extrémités coupées, et tranchées en lamelles d'environ 5 mm d'épaisseur

Pour le dessert

1 pomme
1 prune

Préparation

Préchauffez le gril. Enduisez le saumon d'huile à l'aide d'un pinceau et saupoudrez d'herbes. Sur un plat à rôtir ou une feuille d'aluminium, faites griller pendant 4-5 minutes de chaque côté, selon l'épaisseur, en ne retournant qu'une fois. Entre-temps, faites cuire les courgettes à la vapeur : dans une grande casserole pourvue d'un panier vapeur, faites bouillir un fond d'eau. Ajoutez les courgettes dans le panier et laissez cuire jusqu'à ce qu'elles soient tendres mais encore croquantes, 4 à 6 minutes.
Servez la pomme et la prune en dessert.

JOURNÉE 7

■ Petit déjeuner : Omelette aux légumes

Ingrédients

- 1 tasse d'asperges, extrémités dures ôtées, coupées en biais en morceaux de 2,5 cm de long

- 1 cuillerée à café + 1/3 d'huile d'olive
- 1/4 de tasse d'oignons jaunes, pelés et finement émincés
- 1/2 tasse de champignons de Paris lavés, séchés et finement émincés
- 4 blancs d'œufs
- Papier absorbant imbibé d'huile d'arachide ou d'olive
- 1 cuillerée à soupe de lait écrémé (facultatif)
- 3 tranches de dinde (ou 30 g de jambon maigre ou 2 saucisses de soja)
- 1 tasse de quartiers d'orange

Préparation

Dans une grande casserole dotée d'un panier vapeur, portez à ébullition un fond d'eau. Placez les asperges dans le panier et faites cuire jusqu'à ce qu'elles soient tendres mais croquantes (5 minutes) puis réservez. Faites chauffer l'huile d'olive dans une grande poêle anti-adhésive à feu moyen. Ajoutez les oignons et les champignons, et faites légèrement sauter jusqu'à ce que l'oignon ait réduit, environ 10 minutes. Enlevez de la poêle et laissez refroidir. Entre-temps, battez les blancs en neige avec le lait, si vous en utilisez. Incorporez les oignons et les champignons refroidis. Frottez le fond de la poêle avec le papier absorbant huilé et faites chauffer à feu moyen. Versez la préparation et faites cuire jusqu'à ce que ce soit presque prêt, en levant de temps à autre les bords pour que les parties non cuites s'écoulent en dessous (environ 3 minutes). Lorsque les œufs sont prêts, recouvrez des asperges et pliez à l'aide d'une spatule. Poursuivez la cuisson jusqu'à ce que ce soit légèrement doré (environ 1 minute.) Préparez le jambon ou les saucisses, suivant les instructions sur l'emballage, et servez à part avec l'orange.

■ Déjeuner : Tomates farcies

Ingrédients
- 120 g de thon en boîte au naturel, égoutté
- 4 cuillerées à café de mayonnaise allégée
- 1/4 de tasse de céleri lavé et émincé
- 1 cuillerée à soupe d'oignon pelé et émincé
- 2 grosses tomates lavées, équeutées et vidées
- 1 petit pain

Pour le dessert
1 nectarine

Préparation
Dans un saladier, mélangez le thon, la mayonnaise, le céleri
et l'oignon. Farcissez-en les tomates et servez. Servez le pain
à part.
Servez la nectarine en dessert.

■ Dîner : Poulet Marina et Salade aux trois haricots*

Ingrédients
- 1 + 1/2 tasse de haricots verts lavés, équeutés et coupés
  en deux
- 1/4 de tasse de pols chiches égouttés
- 1/4 de tasse de haricots rouges égouttés
- 1 cuillerée à café + 1/3 d'huile d'olive
- 2 cuillerées à soupe de vinaigre de cidre (ou plus selon le
  goût)

---

* Si possible, préparez la salade aux trois haricots à l'avance (jusqu'à
2 jours) et placez au réfrigérateur dans un récipient hermétiquement
fermé.

- 1 cuillerée à café de ciboulette séchée
- 1 cuillerée à café de persil séché
- 1/2 cuillerée à café de poivre fraîchement moulu (ou plus selon le goût)
- 1 + 1/2 cuillerée à café de basilic séché
- 90 g de blanc de poulet sans os et sans peau
- 2 cuillerées à soupe de sauce tomate
- 1/4 de cuillerée à café d'ail en poudre (ou à volonté)
- 30 g de mozzarella maigre émiettée

Préparation

Préchauffez le four à température moyenne (thermostat 6). Dans une grande casserole pourvue d'un panier vapeur, faites bouillir un fond d'eau. Placez les haricots verts dans le panier et laissez cuire jusqu'à ce qu'ils soient tendres mais encore croquants, 10 minutes. Retirez du panier et égouttez, puis mélangez avec les pois chiches et les haricots rouges. Dans un petit saladier, mélangez l'huile d'olive, le vinaigre, la ciboulette, le persil, le poivre et 1 cuillerée à café de basilic. Mélangez avec les haricots, couvrez et mettez au frais pendant 30 minutes. Placez le poulet sur un grand morceau de papier aluminium. Couvrez le poulet de la sauce tomate et saupoudrez du reste de basilic, de l'ail en poudre et du fromage. Repliez la feuille d'aluminium assez largement sur le poulet, en laissant beaucoup de place pour l'air. Retournez et fermez les extrémités et le milieu afin que le jus ne fuie pas. Faites cuire dans le four préchauffé et ouvrez prudemment la feuille d'aluminium pour éviter de vous brûler avec la vapeur. Servez avec la salade de haricots.

CHAPITRE 6

D'AUTRES PETITS DÉJEUNERS, DÉJEUNERS, DÎNERS ET COLLATIONS FACILES, RAPIDES ET EN ÉQUILIBRE

Une fois que vous aurez passé une semaine en Équilibre en vous délectant des repas proposés dans le chapitre précédent, je suis sûr que vous voudrez continuer à améliorer votre santé et votre apparence en continuant à manger en Équilibre. Toutefois, je sais aussi que trouver le temps de préparer des repas sains et appétissants peut constituer un véritable casse-tête. C'est pourquoi, toutes les recettes de ce chapitre sont non seulement estampillées « en Équilibre », mais elles sont aussi conçues pour limiter au maximum le temps et les efforts consacrés à la cuisine. En combinant ces repas avec ceux qui sont proposés dans le chapitre 5, vous aurez un grand choix de petits déjeuners, déjeuners, dîners et collations.

Alors que toutes les recettes du chapitre 5 étaient différentes pour les hommes et pour les femmes, dans cette partie, toutes les recettes sont calculées pour convenir aux besoins masculins. Si vous êtes une femme, préparez la recette telle qu'elle est indiquée, puis mettez de côté 1/4 du plat terminé, et gardez-le pour votre prochaine collation. Mieux encore, réduisez tout simplement la recette d'un quart avant de cuisiner. Cela peut sembler compliqué, mais souvenez-vous que l'Équilibre n'a pas à être une science exacte. Ôtez un peu des protéines, des hydrates de carbone et des lipides, et vous obtenez un repas qui s'intègre parfaitement à votre plan alimentaire.

Toutes les recettes sont pour 1 personne.

PETITS DÉJEUNERS

■ Pancakes aux myrtilles

Ingrédients
- 1 œuf entier
- 1 tasse + 1/3 de farine de soja
- 1 tasse de lait écrémé
- 1/2 cuillerée à café de vanille
- 1/2 cuillerée à café de cannelle
- 1/2 tasse de myrtilles
- 1 tasse + 1/3 d'huile d'olive

Préparation
Dans un petit saladier, mélangez les œufs, la farine de soja, le lait, 2/3 de cuillerée à café d'huile d'olive, la vanille, la cannelle et les myrtilles afin de former une pâte fine. Faites chauffer 2/3 de cuillerée à café d'huile dans une poêle anti-adhésive. Versez la pâte dans la poêle pour faire de petits pancakes. Vous en obtiendrez environ 24. Laissez-les cuire jusqu'à ce qu'ils soient dorés. Lorsqu'ils sont prêts, placez-les sur deux plats et gardez au chaud. Répétez l'opération jusqu'à ce que toute la pâte soit utilisée.

■ Pain perdu

Ingrédients
- 1 tranche de pain complet
- 4 gros blancs d'œufs
- Huile sur papier absorbant
- Sucre candi
- 1 tasse de fraises coupées
- 1 cuillerée à soupe d'amandes effilées
- 30 g de jambon extra-maigre (ou 3 tranches de poitrine de dinde)

Préparation
Coupez le pain en tronçons et trempez-les dans les œufs battus. (Brouillez ce qu'il reste de l'œuf.) Graissez une poêle avec le papier absorbant huilé. À feu moyen, faites cuire les morceaux de pain, en retournant souvent jusqu'à ce qu'ils soient cuits. Roulez les morceaux de pain cuits dans un peu de sucre candi. Couvrez de tranches de fraises et d'amandes. Faites cuire le jambon et servez à part.

■ Œufs Rancheros

Ingrédients
- 1 cuillerée à café + 1/3 d'huile d'olive
- 1 œuf entier
- 2 blancs d'œufs
- 1 oignon et 1 poivron vert émincés
- piment en poudre à volonté
- 1 tortilla de maïs
- 60 g de fromage maigre
- 1 cuillerée à soupe de ciboulette coupée menu

Accompagnement
1 tasse de melon coupé en cubes

Préparation
Faites chauffer l'huile dans une poêle. Faites brouiller l'œuf, les blancs d'œufs, les légumes coupés et le piment en poudre. Placez les œufs brouillés dans la tortilla et recouvrez du fromage et de la ciboulette. Roulez la tortilla.

■ Flocons d'avoine
1 tasse de flocons d'avoine cuits fortifiés par 2 cuillerées à soupe (30 g) de poudre de protéine (ajoutez toujours la poudre de protéine après avoir fait cuire les flocons d'avoine).

■ Blini et saumon fumé
1 petit blini nature, 90 g de saumon fumé et 3 cuillerées à soupe de fromage fondu allégé.

DÉJEUNERS

■ Sandwich à la dinde ou au thon
120 g de blanc de dinde ou de thon avec 1 cuillerée à café de mayonnaise allégée et 2 morceaux de pain de seigle complet.

■ Salade de fruits de mer

Ingrédients
- 135 g de fruits de mer (crevettes, chair de crabe, langouste)
- 1 cuillerée à café de mayonnaise allégée
- 1 mini-pita (ou 1 morceau de pain de seigle *)

----

* Vous pouvez éliminer le pain et placer les fruits de mer sur une salade verte. Si vous utilisez la mayonnaise avec les fruits de mer, ne

Pour le dessert
1/2 orange

Préparation
Mélangez les fruits de mer et la mayonnaise. Fourrez-en la mini-pita.

■ Salade tomate-basilic

Ingrédients
- 5 tasses de salade romaine, coupée
- 1/4 de tasse de pois chiches, rincés et finement émincés
- 1 cuillerée à soupe de persil frais, coupé
- 1 + 1/2 cuillerée à soupe d'huile d'olive
- 1 cuillerée à soupe de vinaigre de vin rouge
- 2 cuillerées à soupe de basilic frais coupé
- 1 cuillerée à café d'ail émincé
- 1/4 de cuillerée à café de piment en poudre
- 2 tasses de tomates en tranches
- 120 g de fromage en faisselle à 0 % de m.g.

Pour le dessert
1 pomme ou une poire
1/2 tasse de fraises

Préparation
Placez la salade verte sur un plat de service. Dans un saladier de taille moyenne, mélangez les pois chiches, le persil, l'huile, le vinaigre, le basilic, l'ail et le piment en poudre. Disposez alternativement les tranches de tomates et la couche de

mettez pas de vinaigrette. Ou remplacez la mayonnaise par 1 cuillerée à soupe d'assaisonnement huile d'olive/vinaigre.

fromage blanc sur le lit de salade. Versez la sauce aux pois chiches sur les tomates et servez.
Servez les fruits en dessert.

■ Sandwich jambon, laitue, tomate

Ingrédients
- 1 tranche de pain de seigle
- 60 g de jambon maigre
- 3 feuilles de laitue
- 2 tranches de tomate
- 30 g de fromage maigre
- 1 cuillerée à café de mayonnaise allégée

Accompagnement
1/2 orange
12 cacahuètes

■ Salade de tofu froid style pique-nique

Ingrédients
- 120 g de tofu en cubes
- 1 cuillerée à soupe de sauce tamari
- 1+ 1/2 cuillerée à soupe de mayonnaise
- 1/2 tasse de yaourt nature
- Jus de 1/2 citron
- 2 cuillerées à café de moutarde à l'ancienne
- 3 branches de céleri moyennes
- 1 poivron vert moyen coupé en dés
- 3 blancs d'œufs durs
- 1 tranche d'oignon rouge coupé en dés
- 3 olives noires émincées
- 1 bouquet d'aneth ou de persil frais émincé

Préparation

Préchauffez le four (thermostat 3). Mélangez le tofu avec la sauce tamari dans un plat allant au four et faites cuire sans couvrir durant 10 à 12 minutes. Laissez refroidir. Mélangez la mayonnaise, le yaourt, le jus de citron et la moutarde. Ajoutez le céleri, le poivron vert, les blancs d'œufs et l'oignon rouge. Incorporez aux cubes de tofu et saupoudrez d'olives et d'herbes. Laissez refroidir et servez sur un lit de salade verte, si vous le souhaitez.

DÎNERS

■ Sole grillée aux poireaux

Ingrédients

- 1 cuillerée à café + 1/3 d'huile d'olive
- 3 tasses de poireaux émincés
- 180 g de filet de sole
- 120 g de vin blanc (facultatif)
- 1 cuillerée à café d'ail émincé
- 1 échalote émincée
- 1 cuillerée à café d'aneth
- Sel suivant le goût
- Poivre suivant le goût
- 1/4 cuillerée à café de citronnelle

Préparation

Préchauffez le four (thermostat 4). Étalez au pinceau de l'huile d'olive sur un plat à four moyen. Couvrez le fond du plat des poireaux. Placez la sole par-dessus. Dans un saladier moyen, mélangez le vin, l'ail, l'échalote, l'aneth, le sel et le poivre. Versez doucement le mélange à base de vin dans le plat. Saupoudrez de citronnelle. Couvrez hermétiquement le plat et placez dans le four. Faites cuire 25 à 30 minutes et servez.

■ Médaillons de porc et pomme

Ingrédients
- 90 g de médaillons de porc (ou de côtes de porc finement tranchées)
- 1/2 pomme
- Romarin
- Moutarde de Dijon
- 1 à 2 cuillerées à soupe de vin blanc (facultatif)
- 1/4 de tasse d'eau

En accompagnement
1 tasse de brocolis cuits
1 salade d'épinards avec assaisonnement (1 cuillerée à soupe d'huile d'olive et vinaigre suivant le goût)

Préparation
Préchauffez le four (thermostat 6). Placez le porc dans un plat à four en une seule couche. Recouvrez avec les tranches de pomme, le romarin et la moutarde. Versez le vin et l'eau autour du porc. Faites cuire 15 minutes. Arrosez le porc avec le jus de cuisson. Diminuez la chaleur à thermostat 3 et poursuivez la cuisson pendant 10 à 15 minutes, jusqu'à ce que le porc soit blanc, et non pas rose, à l'intérieur.

■ Fajitas de poulet

Ingrédients
- 120 g de blanc de poulet sans os

- 2 cuillerées à soupe de sauce tomate
- 2 cuillerées à soupe de jus de citron vert
- Sel suivant le goût
- Poivre fraîchement moulu suivant le goût
- 1/4 de tasse d'eau ou plus
- 1/3 de poivron vert coupé en quartiers, pépins et membrane ôtés
- 1/3 de poivron rouge coupé en quartiers, pépins et membrane ôtés
- 1/3 d'oignon jaune, coupé en rondelles de 6 mm d'épaisseur, et passées au micro-ondes pendant 2 minutes, mélangées après 1 minute
- 1 tortilla pour fajita

Condiments
- 1/2 tasse de tomate coupée
- 1 cuillerée à soupe + 1/3 de purée d'avocat

Pour le dessert
1/2 tasse de fraises

Préparation
Coupez les blancs de poulet dans le sens de la largeur en lamelles de 1,25 cm. Placez dans un plat en verre avec la sauce tomate, le jus de citron vert, le sel, le poivre et assez d'eau pour couvrir. Couvrez avec un film plastique et laissez au réfrigérateur toute la nuit.

Dans une grande poêle, sur feu vif, versez le jus du poulet et laissez cuire jusqu'à ce qu'il soit réduit de moitié. Ajoutez les morceaux de poulet et, avec une large spatule en bois, remuez fréquemment. Lorsque le poulet devient opaque mais n'est pas encore tout à fait cuit, ajoutez les poivrons et l'oignon. Poursuivez la cuisson et continuez à remuer le mélange jusqu'à ce que le liquide se soit évaporé et que cela commence à grésiller. Remuez encore une fois et retirez du feu. Servez avec la tortilla et les condiments.

■ Cioppino

Ingrédients
- 1 cuillerée + 1/3 d'huile d'olive
- 3/4 de tasse d'oignon coupé
- 1 tasse de poivron vert coupé
- 1 + 1/2 tasse de tomates en boîte coupées
- 4 tasses de champignons coupés
- 1 cuillerée à café d'ail émincé
- 1 cuillerée à soupe de persil coupé
- 1/4 de cuillerée à café d'origan séché
- 1/4 de cuillerée à café de basilic séché
- 1/8 de cuillerée à café de poivre de Cayenne
- Sel suivant le goût
- Poivre suivant le goût
- 1/2 tasse d'eau citronnée
- 120 g de vin rouge sec (facultatif)
- 45 g de palourdes
- 45 g de sole
- 45 g de petites crevettes décortiquées
- 45 g de noix de Saint-Jacques

Préparation
Dans une casserole moyenne, mélangez l'huile, les légumes, les épices, l'eau, et le vin. Portez à ébullition, diminuez la flamme et faites mijoter pendant 5 à 7 minutes. Ajoutez les fruits de mer et laissez cuire 5 minutes. Placez dans un saladier et servez.

■ Kebabs tofu-légumes avec sauce au yaourt et à l'huile d'olive

Ingrédients

- 1/4 de tasse de yaourt nature maigre
- 3 olives noires coupées en tranches
- 2 cuillerées à café de moutarde à l'ancienne
- 1 cuillerée à café de miel
- 1/2 cuillerée à café de miso léger
- 1 bouquet de persil frais, émincé
- 2 courgettes moyennes coupées en cubes
- 1 gros oignon, coupé en petits morceaux
- 200 g de tofu extra-ferme, coupé en cubes
- 12 champignons entiers
- 6 tomates cerises
- 1 cuillerée à café d'huile d'olive
- Sel selon le goût
- Poivre selon le goût

Préparation

Mélangez le yaourt, les olives, la moutarde, le miel, le miso et le persil. Réservez. Faites blanchir les courgettes et l'oignon dans l'eau bouillante pendant 2 minutes, puis égouttez. L'oignon peut se défaire, ce qui est souhaitable. Alternez le tofu, les courgettes, l'oignon, les champignons et les tomates cerises sur les piques à brochette, en terminant toujours par un champignon. Brosser avec l'huile d'olive, le sel et le poivre légèrement. Placer sur le gril ou sur le barbecue. Retournez après 5 minutes et faites griller encore 5 minutes. Servez avec une sauce yaourt/huile d'olive.

EN-CAS

- 2 blancs d'œufs durs, coupés en deux et farcis avec 1/2 tasse de houmous

- 30 g de fromage en faisselle à 20 % de m.g.
- 1/2 tasse de raisin
- 3 olives

- 45 g de blanc de dinde
- 1/2 pomme
- 3 cacahuètes

- 1/4 de tasse de fromage blanc à 0 % de m.g.
- 1/2 tasse d'ananas
- 1 cuillerée à café d'amandes effilées

- 30 g de fromage
- 1 verre de vin rouge sec

- 1 tasse de lait écrémé
- 3 noix de pécan

- 1 tranche de galette Wasa Fibres
- 30 g de fromage allégé

- 3 olives émincées (passées 10 secondes au micro-ondes)

- 60 g de tofu ferme
- 1/3 de cuillerée à café d'huile d'olive
- 1 pincée de soupe à l'oignon lyophilisée

- 1/8 de tasse de pois chiches (mixés jusqu'à ce qu'ils soient onctueux)
- 1 poivron vert coupé en lamelles

CHAPITRE 7

L'ÉQUILIBRE,
MÊME HORS DE CHEZ VOUS

On mange hors de chez soi plus fréquemment que jamais. Actuellement, au moins la moitié des repas de la population active sont pris à l'extérieur. Une fois que vous aurez maîtrisé la préparation de repas en Équilibre chez vous, transposer ce savoir au monde extérieur vous semblera un jeu d'enfant.

Quelle est la meilleure manière (mais la plus coûteuse) de manger dehors tout en restant en Équilibre ? Allez dans un restaurant de cuisine gastronomique française. Pour environ 50 €, vous boirez un verre de très bon vin et vous aurez une petite quantité de protéines (pas plus grande ni plus épaisse que la paume de votre main) entourée d'une couronne de légumes disposés avec art ainsi qu'une petite salade verte. Et en dessert, vous prendrez un fruit frais. Mais la clé de la cuisine gastronomique française est la sauce, qui est composée de graisse. Il est difficile d'ignorer le fait que les Français ont le taux le plus faible de maladies cardiaques d'Europe.

Personne n'a jamais accusé les Français de ne pas bien manger, mais on comprend en outre aujourd'hui qu'un repas gastronomique français est un repas en Équilibre. Un repas gastronomique contient la quantité idéale de protéines, beaucoup de légumes à faible densité, un petit fruit pour le dessert, et un verre de vin (que le corps traite comme un hydrate de carbone) pour équilibrer les protéines. Un peu de graisse dans la sauce ne fait pas qu'améliorer le goût : cela ralentit aussi le taux d'entrée des hydrates de carbone dans le sang.

Je vous l'accorde, fréquenter les restaurants gastronomiques est une façon assez coûteuse de manger dehors tout en restant en Équilibre : vous pourriez faire cinq repas dans des restaurants ordinaires avec buffet à volonté pour le même prix. Mais comment rester en Équilibre quand vous allez dans une de ces « cantines » où le client s'estime satisfait s'il doit desserrer sa ceinture à la fin de son repas ? Voici quelques règles simples à respecter dans n'importe quel restaurant, qu'il soit gastronomique ou de style familial :

Règle n° 1 : ne mangez jamais de pain. Si vous voulez manger des hydrates de carbone, gardez-les pour le dessert. N'est-ce pas pour cela que vous êtes venu au restaurant ? On en reparlera.

Règle n° 2 : choisissez toujours une entrée à base de protéines maigres avant de commander quoi que ce soit d'autre. Ce premier choix va déterminer les suivants. Puis demandez au serveur de remplacer tous féculents ou céréales par une portion supplémentaire de légumes.

Règle n° 3 : tandis que vous attendez votre repas, prenez un verre de vin rouge ou d'eau minérale quand tous les autres grignotent du pain. Essayez de discuter au lieu de manger pour passer le temps.

Règle n° 4 : une fois que le repas est servi, regardez la taille des protéines maigres que vous avez commandées en entrée. Si elles dépassent de façon significative la paume de votre main, prévoyez de laisser l'excédent. Puis regardez votre assiette pour déterminer si vos hydrates de carbone sont favorables ou pas.

Règle n° 5 : le volume des protéines maigres que vous prévoyez de manger détermine le volume des hydrates de carbone que vous allez manger. Si vous mangez des hydrates de carbone favorables, mangez-en le double de votre portion de protéines.

Règle n° 6 : si vous êtes vraiment allé au restaurant pour déguster un dessert, alors ne mangez pas d'hydrates de carbone durant le reste du repas. Le serveur débarrassera tout de même votre assiette. Lorsqu'il revient avec la carte des desserts, commandez ce que vous voulez mais n'en mangez que la moitié. Et l'autre moitié ? Offrez-la à vos compagnons de table. Je suis sûr qu'ils ne demanderont qu'à vous rendre ce service. Bien sûr, si vous voulez manger un dessert entier, prenez un fruit frais.

Eh bien, ce n'était pas si difficile. C'est vrai : ces règles sont plus simples à appliquer dans un restaurant gastronomique, où l'on ne sert pas de grandes quantités, que dans un restaurant plus ordinaire, où de grands volumes de nourriture vous sont proposés. C'est particulièrement vrai en Amérique où la nourriture est bon marché : du coup, les gens veulent en avoir pour leur argent. Et l'on voit ce que ça a donné... Seule exception : les restaurants chers et sélects où la présentation et la qualité comptent beaucoup plus que la quantité. Et le restaurateur « fait son beurre » en forçant sur la quantité d'hydrates de carbone (qui ne sont pas chers), aux dépens des protéines (relativement chères).

L'Équilibre en voyage d'affaires

Comment rester en Équilibre quand on est constamment en déplacement ? Voici quelques trucs simples. Si vous restez deux jours dans un hôtel où les chambres sont équipées d'un réfrigérateur, allez acheter des fruits et de la viande maigre en tranches ou du fromage blanc maigre. Pour chaque morceau de fruit, mangez 30 g de viande maigre ou 60 g de fromage blanc. Cela constituera de rapides collations à prendre avant de sortir manger quand vous ne pouvez pas préparer votre propre repas (et il vous sera ensuite plus facile de rester en Équilibre au restaurant). Avant de vous coucher, prenez une petite collation en Équilibre : ce « complément » hormonal vous garantira une bonne nuit de sommeil dans un lit qui n'est pas le vôtre.

Les repas en Équilibre sont la clé de votre réussite commerciale lors de vos déplacements car ils détermineront votre vivacité intellectuelle durant la journée. Vous trouverez dans le tableau ci-dessous quelques menus qui vous donneront un avantage considérable sur vos concurrents. Et bien sûr, ne mangez jamais le pain posé sur la table. La vie est assez dure comme ça quand on est sur la route : inutile de risquer de perdre l'Équilibre.

Fêtes de fin d'année

En période de fêtes, il est courant de prendre entre 2 et 5 kg. Ce ne sera pas votre cas grâce à l'Équilibre. En fait, si vous avez la chance d'avoir affaire à un buffet, profitez-en pour élaborer de formidables repas en Équilibre. Lorsque vous faites votre choix, cherchez toujours en premier lieu les protéines maigres, puis suivez la méthode de l'œil et de la paume telle qu'elle est décrite plus haut. Veillez à ce que la majeure partie de vos hydrates de carbone proviennent des légumes et des fruits, et faites tout pour ignorer les céréales, le pain et les féculents qui sont généralement le lot des réceptions de fin d'année.

Les fêtes sont aussi synonymes de consommation d'alcool. Puisque le corps traite l'alcool comme un hydrate de carbone, prévoyez un contrepoint de protéines pour chaque verre. Exemple : un verre de vin, un morceau de fromage. Une bière, six crevettes... Veillez simplement à manger suffisamment de protéines avant votre prochain verre. Là encore, c'est une question d'équilibre.

En résumé, manger dehors sans perdre l'Équilibre est facile si vous connaissez les règles. Protégez-vous simplement du raz de marée d'hydrates de carbone qui vous menace en permanence lorsque vous mangez à l'extérieur. Si vous trouvez cela difficile, alors considérez les hydrates de carbone comme une drogue : plus vous prenez d'une drogue, plus vous êtes susceptible de faire une overdose. Dans ce cas précis, vous risquez une production excessive d'insuline qui, à terme, peut vous tuer. Cette pensée devrait vous aider à vous abstenir de puiser dans la corbeille de pain.

CHAPITRE 8

L'ÉQUILIBRE PAR LE SOJA

On fait souvent une confusion à propos de l'Équilibre : on pense qu'il contraint à manger des protéines animales. Rien n'est moins vrai. Pour rester en Équilibre, il faut seulement consommer la bonne quantité de protéines. La version végétalienne du régime de l'Équilibre utilise les protéines d'origine végétale et notamment le soja. Les végétariens disposent d'une plus grande variété encore de protéines puisqu'ils peuvent manger des produits à base d'œufs et de lait en plus des produits à base de soja. Toutefois, la version la plus efficace de l'Équilibre utilise en priorité les protéines du soja. Le soja est un aliment étonnant que tout le monde, qu'il soit végétarien ou mangeur de viande invétéré, devrait intégré à son régime alimentaire.

Le soja : la protéine miracle

La graine de soja est unique parce que c'est la seule graine qui contient un peu plus de protéines que d'hydrates de carbone avec certains phyto-éléments appelés isoflavones qui possèdent des vertus remarquables.

Depuis un millier d'années, la source la plus largement

disponible de protéines de soja est le tofu. Peu d'Occidentaux le connaissent mais c'est en fait un aliment incroyablement versatile qui absorbe facilement les goûts et peut être utilisé dans un vaste éventail de plats. Aujourd'hui, grâce aux progrès de la technologie, une grande variété de substituts de viande à base de soja qui ressemblent et ont le goût de la viande (steaks et saucisses de soja) sont aussi disponibles sur le marché. Du coup, il est probable qu'on emploie de plus en plus ces produits.

Les données scientifiques sur les bienfaits d'une consommation accrue de protéines de soja ne cessent de s'accumuler. Certains de ces bienfaits sont énumérés ci-dessous :

- diminution du cholestérol ;
- diminution des maladies cardiaques ;
- diminution du cancer du sein ;
- diminution du cancer de la prostate ;
- diminution de l'ostéoporose ;
- diminution des symptômes liés à la ménopause.

Bien sûr, une grande part de ces bienfaits a été mise au jour dans des études épidémiologiques réalisées sur de grands ensembles de populations qui mangent du soja, puis comparées aux mêmes types d'ensembles qui mangent très peu de soja. Mais les études cliniques indiquent bel et bien une caractéristique tout à fait unique de la protéine de soja : elle diminue l'insuline et augmente le glucagon à un degré plus élevé que la même quantité de protéines animales. Puisque le but du régime de l'Équilibre est de maintenir le taux d'insuline à l'intérieur de certaines limites, l'utilisation accrue des protéines de soja est tout à fait recommandée, et cela même si vous n'êtes pas végétarien.

Cette propriété hormonale unique de meilleur contrôle de l'insuline explique nombre des bienfaits du soja. En outre, les isoflavones que l'on trouve dans les produits issus du soja ont aussi la capacité de modifier l'action hormonale de l'insuline. Le soja est par conséquent l'un des aliments les plus intéressants parmi ceux qui s'intègrent dans le régime de l'Équilibre.

La plus grande longévité au monde

Je pense que ce qui pousse essentiellement quelqu'un à changer de mode d'alimentation – que cela signifie opter pour l'Équilibre ou manger plus de protéines de soja –, c'est l'envie de vivre mieux et plus longtemps. Dans ce cas, le meilleur point de départ pour élaborer un régime idéal consiste à étudier ce que mange le peuple qui vit le plus longtemps au monde.

Il s'avère que celui-ci (qui possède des dates de naissance officielles permettant de vérifier les âges) vit dans l'île japonaise d'Okinawa. Les habitants d'Okinawa ont un taux de mortalité plus bas de 40 % que le peuple qui se place en second en termes de longévité : les Japonais continentaux. Ils ont en outre le plus fort pourcentage de centenaires au monde. En fait, cinq fois plus d'habitants d'Okinawa atteignent cent ans que les Japonais du continent.

Comment cette longévité s'explique-t-elle ? D'abord, ils consomment d'énormes quantités de soja, près de 100 g par jour. C'est plus de deux fois la quantité de protéines de soja consommée par les Japonais continentaux et 25 fois plus que mes compatriotes américains. En même temps, ils limitent leur consommation calorique, absorbant près de 30 % de calories de moins que les Japonais continentaux. Comment peuvent-ils absorber moins de calories tout en consommant davantage de soja ? En mangeant moins de riz et plus de légumes, réduisant ainsi la quantité d'hydrates de carbone consommée. Dans l'ensemble, ils suivent un programme alimentaire qui est très similaire à celui de l'Équilibre.

Comme je le développe en détail dans le chapitre 9, deux facteurs essentiels expliquent que le régime alimentaire des habitants d'Okinawa augmente leur longévité. D'abord, les protéines de soja réduisent davantage encore le taux d'insuline que les protéines animales. Ensuite, le moins grand nombre de calories consommées diminue le nombre de radicaux libres, ces éléments nuisibles qui peuvent accélérer le vieillissement. Ces deux avantages anti-vieillissement peuvent être également obtenus en suivant un régime de l'Équilibre riche en protéines de soja. Vous apprendrez tout sur le processus anti-vieillissement dans le chapitre 9, mais pour le moment, pensez seulement à ajouter du soja à votre régime, en utilisant de la poudre de protéine, du tofu, etc.

Ces recommandations valent même si vous n'êtes pas végétarien, puisque la plupart des bienfaits du soja sur la santé et les hormones ne peuvent être obtenus de façon aussi efficace avec les protéines animales. De même, si vous avez déjà arrêté de manger de la viande, consommer plus de soja est particulièrement indispensable parce que nombre des régimes alimentaires végétariens sont trop riches en pâtes, en pain, en riz et trop pauvres en protéines. Il est possible que vous soyez devenu végétarien pour améliorer votre santé, et que vous vous aperceviez que celle-ci a plutôt commencé à décliner. Peut-être avez-vous pris du poids ou n'avez-vous cessé de vous enrhumer, d'être fatigué. Tous ces signes indiquent que vous avez perdu l'Équilibre, et que vous avez mangé trop d'hydrates de carbone à forte densité et pas assez de protéines. Les protéines de soja peuvent vous permettre de trouver l'Équilibre et de le garder à jamais. Non seulement vous profiterez de tous les avantages de l'Équilibre, mais vous décrocherez aussi ce gros lot que constitue le soja en termes de bienfaits pour la santé.

Pour vous prouver à quel point ils sont simples à élaborer, j'ai répertorié quelques repas végétariens en Équilibre.

■ Asperges frittata
(1 entrée de petit déjeuner ou de dîner)

Ingrédients
- 120 g de tofu ferme en cubes
- 1 œuf entier
- 2 blancs d'œufs
- 1/2 cuillerée à café de basilic séché
- 1/3 de cuillerée à café de poivre noir moulu
- 1/2 cuillerée à café de sel de mer
- 1/2 tasse de sauce tomate sans sucre ajouté
- 1 petit oignon, finement émincé
- 1 botte d'asperges (environ 8 ou 10)
- 1 grand poivron rouge ou jaune, coupé en lamelles larges
- 1/3 de cuillerée à soupe d'huile d'olive
- 1 pincée de sel

Préparation
Préchauffez le four (thermostat 5).
Dans un saladier de taille moyenne, écrasez le tofu avec une fourchette. Ajoutez l'œuf, les blancs d'œufs, le basilic, le

poivre noir et le sel. Battez le mélange avec la fourchette et réservez.

Versez la sauce tomate dans une petite casserole et faites réchauffer doucement à petit feu.

Pendant ce temps, remplissez d'un fond d'eau une grande casserole munie d'un couvercle. Placez un panier vapeur dedans et étalez-y les oignons, les asperges, et le poivron. Couvrez et portez à ébullition à feu vif. Réduisez à feu moyen et faites cuire les légumes 5 ou 6 minutes, ou jusqu'à ce qu'ils soient tout juste tendres. Si vous n'avez pas de panier vapeur, faites bouillir les légumes jusqu'à ce qu'ils soient tendres, environ 3 minutes. Mettez dans un plat.

Dans une sauteuse allant au four, faites chauffer l'huile à feu moyen jusqu'à ce qu'elle grésille. Versez le mélange tofu/œufs en une seule fois et diminuez la flamme. Répartissez le mélange dans la poêle pour qu'il cuise.

Avant que le mélange ne soit complètement cuit, répartissez les légumes sur l'œuf. Mettez la sauteuse dans le four et laissez cuire 5 minutes. Ajoutez une pincée de sel et servez avec la sauce tomate.

■ Salade grecque avec assaisonnement à l'ail et à l'origan

(1 entrée de déjeuner ou de dîner)

Ingrédients

- 5 tasses de salade romaine lavée, essorée, et déchirée en petits morceaux
- 1 tasse de cœurs d'artichauts en boîte, égouttés et coupés en morceaux de la taille d'une bouchée
- 2 tomates moyennes, coupées en quartiers
- 1 petit oignon rouge, finement émincé

- 1/2 tasse de pois chiches en boîte, égouttés et rincés
- 60 g de feta émiettée
- 180 g de tofu extra-ferme, coupé en petits cubes
- 1 cuillerée à café + 1/3 d'huile d'olive extra vierge
- 1 cuillerée à soupe de vinaigre de vin rouge
- 2 cuillerées à soupe de bouillon de légumes (ou d'eau)
- 1 petite gousse d'ail émincée
- 1/2 cuillerée à café d'origan séché et émietté
- 1/2 cuillerée à café de poivre noir fraîchement moulu

Préparation

Disposez la salade sur une grande assiette. Recouvrez des cœurs d'artichauts, des tomates, des oignons, des pois chiches, de la feta et du tofu.

Dans un petit bol, mélangez l'huile d'olive, le vinaigre de vin rouge, le bouillon de légumes ou l'eau, l'ail, l'origan et le poivre noir. Versez sur la salade et mélangez pour répartir correctement l'assaisonnement. Servez.

Variante : si vous en avez sous la main, essayez d'utiliser du tofu froid grillé ou cuit au four dans cette recette. De nombreux magasins diététiques proposent désormais du tofu précuit ou pré-grillé au rayon frais.

■ Tofu barbecue facile et légumes

(1 entrée de dîner)

Ingrédients

- 1 cuillerée à café + 1/3 d'huile d'olive
- 1 petit oignon coupé en dés
- 2 branches moyennes de céleri coupées en dés
- 1 gousse d'ail écrasée

- 1 poivron rouge ou jaune coupé en dés
- 120 g de tofu coupé en cubes
- 1/3 de tasse de poudre de protéines de soja
- 1/3 à 1/2 tasse de bouillon de légumes
- 1 cuillerée à café de moutarde à l'ancienne
- 1 cuillerée à café de vinaigre de cidre
- 2 cuillerées à soupe de sauce barbecue

Préparation

Chauffez l'huile dans une grande poêle et faites sauter l'oignon et le céleri à feu moyen vif jusqu'à ce que les dés d'oignon soient translucides et légèrement dorés.

Ajoutez l'ail, le poivron, le tofu et les protéines et faites sauter encore 3 à 5 minutes. Si le mélange commence à coller à la poêle, ajoutez 2 ou 3 cuillerées à soupe de bouillon de légumes.

Ajoutez le bouillon de légumes, la moutarde, le vinaigre et la sauce barbecue. Laissez mijoter à couvert environ 20 minutes, jusqu'à ce que le tofu ait pris le parfum.

■ Crème aux baies

(4 portions d'en-cas, ou 1 entrée de petit déjeuner)

Ingrédients

- 1/3 de tasse de jus d'ananas sans sucre ajouté
- 50 g de protéines de soja nature en poudre (une portion contenant 28 g de protéines)
- 1/2 cuillerée à café d'extrait naturel de vanille
- 1/8 de cuillerée à café de noix de muscade en poudre
- 1 tasse de myrtilles surgelées sans sucre ajouté
- 1 grosse tasse de fraises surgelées sans sucre ajouté
- 1 cuillerée à café + 1/3 d'huile d'olive ou d'huile d'amande

Préparation

Placez le jus et la poudre de protéines dans le bol du mixeur. Couvrez et mixez jusqu'à ce que le mélange soit onctueux. Ajoutez la vanille, la muscade, les myrtilles, les fraises et l'huile. Mixez à nouveau jusqu'à ce que le mélange soit onctueux, en raclant les parois du mixeur si nécessaire.

Variante : pour une crème plus épaisse et plus glacée, ajoutez 4 à 5 glaçons.

CHAPITRE 9

L'ÉQUILIBRE
ANTI-VIEILLISSEMENT :
VIVRE MIEUX
ET PLUS LONGTEMPS

Soyons honnêtes : nous rêvons tous de jeunesse éternelle. Nous faisons tout ce qui est en notre pouvoir pour stopper les signes de vieillissement, de l'achat de crèmes coûteuses au passage par le bistouri du chirurgien esthétique. Nous recherchons tous ce remède miracle qui inverserait les effets du temps – à n'importe quel prix.

Maintenant, je vais vous faire une proposition. Imaginons que vous pouvez inverser le processus de vieillissement en changeant simplement votre style de vie. Vous aurez l'air plus jeune, aurez la force et la résistance que vous aviez vingt ans auparavant et vous vous prémunirez contre ces maladies liées au vieillissement : les maladies cardiaques, l'ostéoporose, le cancer.

Mon offre vous intéresse ? C'est bien ce que je pensais. En fait, le régime de l'Équilibre travaille en association avec différents facteurs de mode de vie pour inverser le processus de vieillissement. Le cœur de ce programme est ce que j'appelle la pyramide du mode de vie anti-vieillissement. En employant les stratégies expliquées à chaque étage de la pyramide, vous pourrez vaincre les quatre piliers du vieillissement : l'excès d'insuline, l'excès de radicaux libres, l'excès de cortisol et l'excès de glycémie. Chacun de ces piliers agit de façon différente pour entamer notre système de communication hormonale et accélérer le vieillissement.

Ce que je veux dire, c'est que le processus de vieillissement peut être inversé si vous êtes prêt à incorporer certaines stratégies basiques de mode de vie dans vos activités quotidiennes afin qu'elles règlent au mieux vos systèmes hormonaux. Les stratégies clés incluent une restriction calorique utilisant le régime de l'Équilibre, de l'exercice modéré, et une réduction du stress grâce à la méditation. Malheureusement, l'exercice et la méditation ne sont pas équivalents au régime de l'Équilibre en termes de capacité à inverser le vieillissement : suivre le régime de l'Équilibre est de loin l'étape la plus importante dans vos efforts anti-vieillissement. J'ai classé ces stratégies par ordre d'importance et cela donne la pyramide du mode de vie que vous voyez page suivante.

La base de la pyramide, qui occupe le plus d'espace, contient le composant le plus important du mode de vie anti-vieillissement : un régime à calories réduites, et plus particulièrement le régime de l'Équilibre. La restriction des calories est la seule méthode prouvée médicalement comme étant anti-vieillissement. Ainsi que je l'ai dit auparavant, le régime de l'Équilibre réduit naturellement les calories en limitant l'absorption d'hydrates de carbone à haute densité. Il offre des avantages hormonaux beaucoup plus importants que tout autre régime limitant les calories et ne vous affame pas plus qu'il ne vous fatigue, au contraire des régimes à base de céréales et de féculents. Sans suivre le régime de l'Équilibre, vous ne pourrez tout simplement pas obtenir le maximum de bénéfices anti-vieillissement.

PYRAMIDE DE L'ÉQUILIBRE

Le deuxième niveau de la pyramide du mode de vie anti-vieillissement est l'exercice modéré. Bien qu'on n'ait toujours pas démontré que l'exercice intensif augmente la durée de vie, le manque d'exercice, sans le moindre doute, accélère le processus de vieillissement. En matière d'exercice, il faut donc trouver le bon équilibre. La pratique intensive du sport impose du stress à l'organisme et augmente ainsi la formation des radicaux libres et la sécrétion de l'hormone de stress baptisée cortisol – ces deux éléments pouvant accélérer le vieillissement. Mieux vaut donc faire de l'exercice de façon modérée mais régulière. Il faut aussi garder à l'esprit que même le meilleur des programmes sportifs peut être gâché par un mauvais régime.

Au sommet de la pyramide du mode de vie, vous trouverez la réduction du stress, notamment grâce à la méditation. La méditation peut aider à inverser les dégâts causés par le stress en diminuant le taux d'hormones de stress, notamment le cortisol. Malheureusement, on ignore encore si la méditation peut réellement augmenter la longévité. En théorie, toutefois, la méditation devrait retarder le vieillissement du cerveau en le protégeant contre les ravages causés par une production excessive de cortisol. Tout comme l'exercice, la méditation ne peut agir seule contre le vieillissement. Il faut l'associer à un régime hormonalement correct tel que celui de l'Équilibre.

Si vous adoptez les trois composantes de la pyramide, vous commencerez à dissocier votre âge biologique (c'est-à-dire la façon dont votre corps fonctionne et de vous sentir) de votre âge chronologique (le nombre de bougies sur votre gâteau d'anniversaire). Cela signifie que vous pouvez avoir 60 ans mais en paraître et en ressentir 40. La pyramide anti-vieillissement peut réellement vous permettre de gagner 20 ans ! Il suffit pour cela de modifier votre mode de vie de façon permanente. Suivant la manière dont vous choisissez de vivre, soit vous accélérez, soit vous luttez contre le processus de vieillissement. À la fin de chaque journée (ou même à la fin de chaque repas), vous devriez vous demander : « Est-ce que j'ai rallongé ou raccourci ma durée de vie ? » Même si vous êtes déçu par votre réponse, souvenez-vous que demain, vous aurez une nouvelle chance d'inverser votre âge physiologique.

Comment l'Équilibre inverse le vieillissement

Le régime de l'Équilibre est l'arme la plus efficace pour lutter contre le vieillissement parce qu'il s'attaque à ses quatre piliers en même temps : en suivant le régime de l'Équilibre, vous limiterez votre absorption de calories, ce qui réduira la formation de radicaux libres. Parallèlement, vous ferez aussi baisser votre glycémie parce que vous ne consommerez pas des quantités excessives d'hydrates de carbone. Du même coup, vous réduirez l'excès d'insuline, qui est déclenchée par une consommation excessive d'hydrates de carbone. Enfin, vous diminuerez la probabilité de production excessive de cortisol pour maintenir le taux de sucre dans le sang, puisque à chaque repas, vous mangerez les bonnes quantités de protéines maigres, ce qui stimule la sécrétion de glucagon (l'hormone qui rétablit le taux de sucre dans le sang).

Vous n'avez pas besoin d'adaptations spéciales du régime de l'Équilibre pour augmenter ses bienfaits anti-vieillissement. Suivez simplement les concepts développés dans les précédents chapitres et vous ferez le pas le plus important vers une nouvelle jeunesse.

Le niveau suivant de la pyramide du mode de vie anti-vieillissement est l'exercice modéré.

En matière d'exercice physique, il vous faut un programme d'entraînement complet qui influe sur un maximum de systèmes hormonaux. Pour réduire l'insuline, vous devez faire 30 minutes d'exercice en aérobie chaque jour : la marche sportive est particulièrement recommandée, mais vous pouvez aussi jouer au volley, courir, nager ou faire du step. Essayez plusieurs types d'exercices afin de déterminer ce qui vous plaît le plus. En outre, vous devez passer 5 à 10 minutes par jour à faire de la musculation.

En général, la musculation n'est pas bien perçue. C'est pourtant le seul type d'exercice qui forge et maintien la masse musculaire nécessaire pour un fonctionnement optimum dans l'avenir. Pour muscler le haut du corps, le meilleur exercice demeure les pompes. Ce terme effraie beaucoup de monde. Si vous n'êtes pas très costaud, commencez par vous repousser d'un mur. Tenez-vous à un peu moins d'un mètre d'un mur et tendez vos bras tout droit jusqu'à ce que vos mains touchent le mur. Vérifiez que vos mains sont assez basses pour que, lorsque vous vous pencherez en avant, elles se trouvent juste en dessous de vos épaules. Penchez votre corps vers l'avant, puis poussez pour reprendre votre position d'origine. Faites trois séries de 10 ou 15 mouvements avec une minute de repos entre chaque série.

Si vous pouvez faire cela facilement, faites la même chose contre un comptoir.

Une fois que cela devient tout aussi facile, faites des pompes en appui sur les genoux et enfin les vraies pompes, celles où vous êtes en appui sur vos orteils. Et une fois que cet exercice vous paraît trop facile, vous avez deux options. La première est de faire plus de mouvements par série. L'autre est de surélever vos pieds (les mettre par exemple sur une chaise) puis de faire vos pompes dans cette position. Des deux, c'est la première qui est la plus facile et probablement la moins risquée. Ne soyez pas déçu si vous devez commencer par l'exercice au mur par manque de force du haut du corps. Cela signifie que vous avez un plus grand potentiel de développement.

Le meilleur exercice pour développer la force du bas du corps est le « squat ». Tout comme les pompes, on pratique cet exercice progressivement suivant son degré de forme initial. Pour commencer, mettez-vous debout le dos à un fauteuil. Placez vos mains sur les bras du fauteuil, puis baissez-vous lentement vers le siège. Toujours en utilisant les bras du fauteuil pour vous soutenir, remettez-vous en position debout. Faites trois séries de 10 à 15 mouvements avec une minute de repos entre chaque série.

L'étape suivante consiste à faire le même exercice, mais sans utiliser les bras du fauteuil (mais ils sont toujours là, au cas où, tels un filet de sécurité). Là encore, votre objectif est de faire trois séries de 10 à 15 mouvements.

L'étape suivante consiste à utiliser une chaise (sans accoudoirs). Faites les mêmes mouvements les bras croisés sur la poitrine. Comme pour les pompes, augmenter simplement le nombre de mouvements jusqu'à ce que vous en fassiez 15 par série.

Ce programme de musculation prendra moins de dix minutes par jour. Quel que soit votre niveau de forme, ces exercices pour le haut et le bas du corps doivent être pratiqués tous les jours. Puisqu'ils ne demandent aucun équipement, ils peuvent être faits à la maison ou en voyage. Il n'y a tout simplement aucune excuse pour ne pas les intégrer à votre mode de vie anti-vieillissement.

Ces exercices devraient être au cœur de votre programme d'exercice modéré. Mais cela ne signifie pas qu'on ne peut en ajouter. Pour une intensité aérobique supérieure, pensez à marcher en terrain vallonné plutôt que plat. Lorsque vous voyagez, cela peut signifier monter et descendre l'escalier de votre hôtel. Vous pouvez aussi choisir d'investir dans une machine de musculation de type rameur, vélo d'appartement ou step pour augmenter l'intensité de l'effort ou réduire le temps nécessaire pour dépenser vos 300 calories quotidiennes. Cela fournira 2 000 calories par semaine

d'exercice, ce qui offre le maximum de bénéfices pour la longévité. Pour plus d'entraînement en aérobie, vous pouvez
acheter des haltères ajustables parce qu'ils sont faciles à ran-
ger et permettent de faire de nombreux exercices basés sur
le poids. Si vous faites davantage d'exercice, ne dépassez
jamais 45 minutes de musculation car au-delà de cette
limite, le taux de cortisol commence à grimper. Et finale-
ment, vous accélérerez le processus de vieillissement.

Évaluez vos progrès

Puisqu'il est primordial de conserver une certaine force musculaire, vous devez pouvoir évaluer vos progrès. Voici comment :
  Pour déterminer la force du haut du corps, les hommes
feront des pompes standards et les femmes des pompes sur
les genoux. Veillez toujours à ce que votre dos ne se creuse
pas (rentrez les abdominaux) et à ce que vous touchiez le sol
avec votre poitrine et non votre menton.
  Le nombre de pompes que vous êtes capable d'exécuter
déterminera votre degré de forme. Souvenez-vous : personne ne vous regarde, et vous n'avez donc aucun intérêt à
tricher.

HOMMES

Âge	20-29	30-39	40-49	50-59	60
Excellent	55	45	40	35	30
Bon	45-54	35-44	30-39	25-34	20-29
Moyen	35-44	25-34	20-29	15-24	10-19
Passable	20-34	15-24	12-19	8-14	5-9
Faible	0-19	0-14	0-11	0-7	0-4

FEMMES

Âge	20-29	30-39	40-49	50-59	60
Excellent	49	40	35	30	20
Bon	34-48	25-39	20-34	15-29	5-19
Moyen	17-33	12-24	8-19	6-14	3-4
Passable	6-16	4-11	3-7	2-5	1-2
Faible	0-5	0-3	0-2	0-1	0

Ne soyez pas découragé si vous obtenez un mauvais score. Ce sera le cas de la plupart des Américains. En fait, l'adolescent mâle moyen américain ne peut faire 10 pompes. Mais si vous faites de l'exercice régulièrement, la force du haut de votre corps va se développer.

La force du bas du corps se mesure au nombre de fois que vous pouvez vous accroupir avec des poids. Utilisez une chaise de hauteur standard. Les hommes doivent tenir un haltère de 7,5 kg dans chaque main (15 kg au total) et les femmes un haltère de 2,5 kg dans chaque main (5 kg en tout). En écartant les jambes selon la largeur des hanches, faites plier les genoux jusqu'à ce que vous touchiez l'assise de la chaise puis retournez à votre position de départ. Répétez ce mouvement autant que vous le pouvez sans vous épuiser. Puis regardez votre classement.

HOMMES

Âge	20-29	30-39	40-49	50-59	60
Excellent	55	45	40	35	30
Bon	45-54	35-44	30-39	25-34	20-29
Moyen	35-44	25-34	20-29	15-24	10-19
Passable	20-34	15-24	12-19	8-14	5-9
Faible	0-19	0-14	0-11	0-7	0-4

FEMMES

Âge	20-29	30-39	40-49	50-59	60
Excellent	49	40	35	30	20
Bon	34-48	25-39	20-34	15-29	5-19
Moyen	17-33	12-24	8-19	6-14	3-4
Passable	6-16	4-11	3-7	2-5	1-2
Faible	0-5	0-3	0-2	0-1	0

Enfin, votre programme de remise en forme doit inclure des exercices d'assouplissement. En plus des 5 minutes de stretching indispensables pour vous échauffer et vous reposer avant et après des exercices plus intensifs, faites 20 minutes minimum de stretching tous les deux jours. Peu importe que ce soit du stretching classique ou du yoga : les deux sont formidables.

Voici donc votre programme d'exercice anti-vieillissement :

— 30 minutes de marche tous les jours ;

— 5 à 10 minutes de musculation tous les jours.

Jusque-là, rien de bien difficile. Essayez de faire cela tous les jours mais si vous vous y tenez au moins 5 jours par semaine, vous ferez des progrès dans votre programme anti-vieillissement. Puis, si vous voulez compléter ce programme de base, envisagez ce qui suit :

— remplacez votre marche journalière par un exercice en aérobie un peu plus intensif (rameur, vélo, ou marche sur un tapis où vous pouvez augmenter la difficulté) jusqu'à ce que vous ayez brûlé 300 à 400 calories. Si la machine n'a pas de compteur de calories, sachez que cela représente environ 30 minutes d'exercice ;

— ne faites pas plus de 45 minutes de musculation avec

des haltères (ou avec des poids et des machines de musculation) 3 jours par semaine ;

— faites 20 minutes d'exercices d'assouplissement les jours où vous ne faites pas de musculation.

Cet élément de la pyramide du mode de vie anti-vieillissement réduira l'excès d'insuline et l'excès de glycémie sans augmenter le cortisol ou les radicaux libres. Seul, ce n'est pas aussi efficace que le régime de l'Équilibre, mais en améliorant votre forme et en augmentant votre force musculaire, vous aurez davantage de chance de rester en pleine possession de vos moyens le plus longtemps possible.

Le dernier élément de la pyramide du mode de vie anti-vieillissement est la méditation. Parce qu'elle peut s'attaquer à l'un au moins des piliers du vieillissement, la production excessive de cortisol, favorisant ainsi une longévité accrue du cerveau.

La méditation ne consiste pas à rester assis en songeant à des choses agréables ou en rêvassant. C'est une façon très précise de contrôler le cortisol. La méditation dans le but physiologique de réduire le cortisol contribue en effet de manière essentielle à la longévité du cerveau. Cela ne signifie pas que la méditation purement spirituelle ne représente pas un objectif plus noble, mais cela exige une implication beaucoup plus importante. Ici, nous ne nous intéresserons à la méditation qu'en tant qu'outil parmi d'autres dans la lutte contre le vieillissement. Il s'agit d'une approche très occidentale (avec un objectif). En fait, c'est de la méditation pragmatique.

Méditation pragmatique

La méditation pragmatique n'est pas une technique purement mystique connue uniquement de quelques gourous.
Elle se résume à une série d'actions précises. On retrouve
des aspects communs dans les différents modes de méditation. On chante généralement un mot ou une phrase en
continu, ou encore on se concentre sur une action physiologique (comme la respiration), revenant sans cesse à cette
concentration sur un mot, une phrase, ou une fonction physiologique lorsque les pensées commencent à vagabonder.
En fait, le but est de faire place nette mentalement.

Voici une méthode simple de méditation pragmatique :
trouvez un endroit calme équipé d'un fauteuil confortable.
Fermez les yeux et répétez un mot (le mot « âme » est un
bon choix) ou une phrase continuellement. En même temps,
concentrez-vous sur votre respiration. Essayez de gonfler
systématiquement votre estomac quand vous inspirez. En
vous concentrant sur le mot ou sur la phrase choisis et sur
votre respiration, essayez d'empêcher les pensées impor-
tunes d'affleurer à votre conscience. Si de telles pensées
apparaissent, concentrez à nouveau votre attention sur le
mot et sur votre respiration jusqu'à ce qu'elles refluent.
Faites cela 20 minutes par jour.

La méditation (même pragmatique) demande de l'entraînement (comme le régime de l'Équilibre et l'exercice) mais
en augmentant ses capacités, on peut obtenir des changements physiologiques significatifs liés à la réduction du taux
de cortisol : baisse de la tension et du rythme cardiaque,
amélioration de la fonction immunitaire, etc.

Ces mêmes trois « traitements » – le régime de l'Équilibre,
l'exercice modéré, et la méditation pragmatique – qui peu-

vent freiner le vieillissement de votre corps peuvent aussi changer l'environnement hormonal dans lequel votre cerveau fonctionne. Votre capacité à utiliser ces « drogues » correctement déterminera votre réussite au grand jeu de la longévité. Regardez autour de vous, et comparez-vous à vos pairs. Faites-vous plus jeune ? Êtes-vous en meilleure forme ? Avez-vous plus d'énergie ? Êtes-vous plus alerte intellectuellement ? Si c'est le cas, vous êtes physiquement plus jeune que votre âge. Sinon, c'est l'inverse. Le rajeunissement est plus qu'un état d'esprit, cela demande une application constante de la pyramide du mode de vie anti-vieillissement. Si vous décidez de jeter l'éponge et abandonnez vos bonnes habitudes, vous vous sentirez vite plus vieux et plus faible. Si vous choisissez de prendre les choses en main et de vivre une vie saine en Équilibre, vous resterez fort et jeune pour le restant de vos jours. Le choix vous appartient.

CHAPITRE 10

LES COMPLÉMENTS
DE L'ÉQUILIBRE

En suivant le régime de l'Équilibre, en faisant de l'exercice modéré quotidiennement et en pratiquant la méditation, vous voilà donc en possession d'un formidable plan de bataille pour vivre mieux et plus longtemps. Mais qu'en est-il des vitamines et minéraux censés lutter contre le vieillissement ? En fait, ce sont les macro-nutriments (protéines, hydrates de carbone et lipides) qui sont votre passeport pour l'Équilibre, pas les micro-nutriments (vitamines et minéraux) en compléments. Les compléments alimentaires sont-ils malgré tout importants pour l'Équilibre ? Quelques-uns le sont, mais s'ils peuvent améliorer votre expérience de l'Équilibre, ils ne vous permettront pas, à eux seuls, de le trouver.

Qu'en est-il exactement des vitamines et des minéraux ? Notre alimentation n'est-elle pas plus pauvre en micro-nutriments qu'il y a 50 ans ? La réponse est oui. Il y a cinquante ans, en effet, la plupart des fruits et des légumes venaient du jardin ou de la ferme d'à côté. Aujourd'hui, ils viennent du monde entier et peuvent être stockés pendant des mois après avoir été récoltés. Les vitamines sont incroyablement sensibles à la chaleur, à la lumière et au temps de stockage. Les minéraux sont plus stables, mais ils sont très sensibles aux processus de transformation et de cuisson. La première conséquence d'une alimentation moins fraîche et moins variée sera toujours un plus faible contenu en vitamines et minéraux. Cela signifie-t-il qu'il vous faut dépenser une grosse part de votre budget alimentaire en compléments ? Non. Mais vous pouvez en utiliser certains intelligemment pour tirer le meilleur parti possible du régime de l'Équilibre.

Toutes les vitamines et tous les minéraux ne sont pas d'importance égale.

COMPLÉMENTS ESSENTIELS

Il s'agit des huiles de poisson purifiées et de la vitamine E. Pour ces compléments, la recherche est très avancée et leur coût est relativement faible compte tenu des bienfaits qu'ils procurent.

Huile de poisson

Parlons d'abord de l'huile de poisson, puisque votre grand-mère l'utilisait probablement sous la forme d'huile de foie de morue. L'huile de foie de morue est riche en vitamine A et en vitamine D, et était utilisée il y a deux générations pour prévenir une maladie nommée le rachitisme. Même si c'était l'aliment le plus écœurant au monde, sa consommation quotidienne était une bénédiction.

Il apparaît que la raison pour laquelle l'huile de foie de morue était si bénéfique n'était pas la vitamine qu'elle contenait, mais son taux élevé d'acides gras longue chaîne oméga 3 ou acide eicospentaenoic (EPA) et acide docosahexaenoic (DHA). L'EPA s'est révélé un facteur clé pour le contrôle du taux d'insuline, et le DHA est nécessaire pour reconstituer les cellules du cerveau. Ainsi, même si votre grand-mère forçait vos parents à avaler de l'huile de foie de morue pour les mauvaises raisons biochimiques, elle travaillait efficacement au contrôle de l'insuline et à l'amélioration de la longévité du cerveau. En fait, le DHA est le facteur de transformation qui a fait de l'homme moderne le maître de la planète. Sans un taux correct de DHA, la puissance du cerveau chute de manière significative. De même, de nombreuses affections neurologiques comme la dépression, la sclérose en plaques et les problèmes de manque d'attention sont liés à une carence en DHA. Souvent, un complément sous forme d'huile de poisson riche en DHA peut provoquer des changements spectaculaires en quelques semaines.

Le besoin en acides gras longue chaîne oméga 3 n'est connu que depuis peu. La moitié du poids du cerveau est composé de graisse. Et un tiers de la masse du cerveau est constitué d'acides gras longue chaîne oméga 3, comme le DHA. Aucun autre organe ne se compose d'une telle concentration de DHA. La plus grande poussée de croissance du cerveau survient durant les deux premières années de la vie, ce qui explique pourquoi le lait maternel est riche en DHA. Or une étude anglaise a montré que les enfants allaités avaient un QI supérieur de près de 10 points à celui des enfants nourris au lait maternisé.

Tout comme le DHA est important pour le cerveau, l'EPA est incroyablement efficace pour réduire les maladies cardiaques, le cancer, l'arthrite et autres maladies chroniques de l'Homme. Il agit en effet sur les écosanoïdes, dont nous avons déjà parlé.

Ma prescription d'huile de poisson : même si vous mangez deux ou trois fois du poisson par semaine, je recommande de prendre un complément en huile de poisson d'environ 5 g par jour. Cela correspond à 1 cuillerée à café. Heureusement, aujourd'hui, les huiles de poisson n'ont pratiquement aucun goût et peuvent être prises sous forme de gélules.

Vitamine E

Autre complément en vitamine essentiel pour le régime de l'Équilibre : la vitamine E. Il est tout simplement impossible d'obtenir la bonne quantité de vitamine E par la seule alimentation. Comme pour l'huile de poisson, les recherches confirment qu'une augmentation du complément en vitamine E a un effet clinique spectaculaire sur les maladies cardiaques, Alzheimer ou les problèmes liés au système immunitaire. Le bénéfice essentiel de la vitamine E est la destruction des radicaux libres solubles dans la graisse.

Ma prescription en vitamine E : je conseille de prendre un minimum de 100 I.U. par jour, 400 I.U. étant la limite supérieure pour un adulte et 50 à 100 I.U. la limite supérieure pour les enfants.

COMPLÉMENTS IMPORTANTS

Si les huiles de poissons et la vitamine E sont des compléments essentiels pour le régime de l'Équilibre (et tout autre régime d'ailleurs), ce deuxième groupe de vitamines et de minéraux est très important pour quiconque se préoccupe de sa santé. Il comprend la vitamine C et le magnésium minéral.

Vitamine C

La vitamine C est un anti-oxydant qui réduit l'excès de radicaux libres solubles dans l'eau (l'un des piliers du vieillissement). La vitamine C agit comme une navette se débarrassant de toute la mauvaise oxydation soluble dans la graisse qui se forme constamment dans votre corps. Et si vous n'avez pas assez de vitamine C, ces produits de l'oxydation s'accumulent et sont stockés dans vos cellules graisseuses, où ils peuvent engendrer des problèmes.

Heureusement, la vitamine C est présente en grande quantité dans l'alimentation, et particulièrement lorsque l'on suit le régime de l'Équilibre. Contrairement à la vitamine E et aux huiles purifiées de poissons, pour lesquels les compléments sont indispensables, la vitamine C se trouve dans la plupart des fruits et des légumes. Les meilleures sources de vitamine C sont les kiwis, les oranges et les fraises pour les fruits et le poivron rouge, les brocolis, les épinards et autres légumes verts pour les légumes.

Ma prescription en vitamine C : bien qu'on n'hésite pas à vendre de fortes doses de vitamine C, les recherches indiquent que la bonne quantité de vitamine C en complément est de 250 à 500 mg par jour.

Magnésium

Le magnésium est le minéral que je recommande le plus chaudement. Aucun autre n'intervient autant dans l'Équilibre. C'est le co-facteur minéral primordial pour les enzymes impliquées dans la production des écosanoïdes. En outre, c'est un co-facteur de plus de 350 autres enzymes. Les dernières recherches montrent que le magnésium est indispensable dans le traitement des affections cardio-vasculaires, ce qui laisse penser qu'il est utile pour tout le monde. On le trouve dans tous les légumes verts, comme les épinards et les brocolis. Toutefois, les sources naturelles les plus riches en magnésium sont les noix. Ensuite viennent les fruits de mer. Or ces aliments sont aussi les produits de base du régime de l'Équilibre. Quant aux aliments les plus pauvres en magnésium, ce sont... les féculents, le pain, les pâtes, etc. Pas étonnant que les Américains soient carencés en magnésium !

Ma prescription en magnésium : les compléments en magnésium ont parfois mauvais goût et sont mal absorbés par l'organisme. Privilégiez par conséquent la voie naturelle. Mangez beaucoup de noix (surtout celles qui sont riches en graisse mono-insaturée, comme les amandes et les noix de cajou) et autres aliments riches en magnésium. Si vous tenez à prendre des compléments, les moins chers se présentent sous forme de capsules. Quelle que soit la forme, essayez de prendre 300 à 400 mg de compléments en magnésium par jour.

POLICE D'ASSURANCES BON MARCHÉ

Je considère le troisième groupe de compléments comme une police d'assurances bon marché. Bien que leurs bienfaits pour un individu suivant le régime de l'Équilibre soient limités comparés à ceux des compléments recommandés ci-dessus, ils représentent une manière très peu coûteuse d'avoir l'esprit tranquille.

Bêta-carotène

Le premier de ces compléments du troisième groupe est le bêta-carotène. Aucun complément au monde ne suscite autant de confusion que celui-là. Les scientifiques espèrent toujours découvrir la substance magique qui pourra être enfermée dans une gélule et vendue comme essence de santé. Pendant des années, on a cru que le bêta-carotène était cette substance magique. Après tout, de nombreuses études montraient que plus le bêta-carotène était présent dans le sang, plus les risques de maladies cardiaques et de cancers étaient faibles. Conclusion : le bêta-carotène était le facteur clé de la prévention de ces deux maladies ; mais les scientifiques regardaient l'arbre et non la forêt.

Personne ne pensa une seconde que s'il y avait tant de

bêta-carotène dans le sang des gens bien portants, c'était parce qu'ils mangeaient beaucoup de fruits ! Et si vous mangez beaucoup de fruits, il est peu probable que vous mangiez beaucoup d'hydrates de carbone à forte densité, tels que les féculents et les pâtes. Il est maintenant clair que le bêta-carotène n'a pas les propriétés mystiques que lui avaient attribuées les chercheurs ; en fait, les mangeurs de fruits bien portants avaient sûrement des taux plus faibles de maladies cardiaques et de cancers parce qu'ils maintenaient leur taux d'insuline assez bas en ne mangeant pas trop d'hydrates de carbone à forte densité.

Autre donnée importante, au sujet du bêta-carotène : il doit être associé à la vitamine C. Le bêta-carotène est un formidable anti-oxydant pour les radicaux libres solubles dans la graisse (exactement comme la vitamine E). Cela signifie simplement qu'il collecte les radicaux libres et les stabilise avant qu'ils puissent faire de vrais dégâts. Mais à moins qu'il ne soit évacué de l'organisme, un radical libre est toujours une source de problème. Pour sortir ces radicaux libres de votre système, il vous faut les bonnes quantités d'anti-oxydants solubles dans l'eau (comme la vitamine C) pour prélever les radicaux libres du bêta-carotène et les transporter jusqu'au foie, où ils pourront être éliminés. Les études sur le bêta-carotène montrent la nécessité d'y associer la vitamine C pour transporter les radicaux libres qu'il a stabilisés jusqu'au foie où ils subissent leur « détoxification » finale.

Cela signifie-t-il que le bêta-carotène est dangereux ou que c'est un complément à éviter ? Bien sûr que non, et en fait, il a une grande utilité tant que l'autre partie de l'équation (la vitamine C) est présente en quantité suffisante.

Ma prescription en bêta-carotène : je recommande généralement 5 000 I.U. Mais avant d'aller en acheter, essayez de les tirer des fruits et des légumes comme les poivrons rouges et les épinards. Sachez que les carottes, si elles sont riches en bêta-carotène, pénètrent dans le sang très vite, augmentant ainsi le taux d'insuline, ce qui peut être pire pour votre santé que ce que procurerait l'augmentation du bêta-carotène.

Toujours dans ce troisième groupe : les vitamines B3 (ou PP) et B6 (pyridoxine) qui sont très importantes pour la production d'écosanoïdes.

Vitamine PP (ou B3)

Le manque de vitamine PP s'est révélé être la cause de la pellagre. Cette maladie largement répandue au début du XXᵉ siècle touchait les populations les plus pauvres qui ne se nourrissaient que de farine blanche, de riz blanc et de sucre, aliments tous dépourvus de vitamine PP. Contrairement à la plupart des vitamines, la vitamine PP peut être produite dans l'organisme par la conversion de l'acide aminé tryptophane en vitamine PP. Ce processus n'est pas très efficace, mais cela signifie que si vous mangez les bonnes quantités de protéines, vous éviterez probablement une carence en vitamine PP. La meilleure source de vitamine PP demeure l'alimentation, et en particulier celle que recommande le régime de l'Équilibre, dont la viande maigre, la volaille, le poisson, les œufs, le fromage et le lait. Si les céréales complètes sont aussi une bonne source, je ne les conseille pas en raison de leur plus grande densité en hydrates de carbone, ce qui augmente l'insuline.

Ma prescription en vitamine PP : si vous devez en prendre en complément, 20 mg par jour constituent une bonne dose.

Pyridoxine (vitamine B6)

Comme pour la vitamine PP, l'excès de transformation de notre nourriture a réduit la quantité de vitamine B6 dans nos aliments. Cette vitamine est un co-facteur vital pour fabriquer les écosanoïdes et sa présence est donc importante.

Ma prescription en pyridoxine : je recommanderai 5 à 10 mg par jour. Cette quantité de vitamine B6 se trouve en général dans les comprimés multi-vitaminés.

Acide folique

L'acide folique est une autre vitamine qui a reçu l'attention de la recherche en raison de sa capacité à réduire les malformations neuronales chez l'enfant et le taux d'homocystéine, un facteur de risque pour les maladies cardiaques. Le nom d'acide folique vient de « feuille » et c'est précisément là où il se trouve : dans les légumes verts.

Ma prescription en acide folique : bien que la norme pour cette vitamine soit de 200 mg par jour, les recherches les plus récentes (particulièrement sur les maladies cardiaques) indiquent qu'il est logique de prendre au moins 500 à 1 000 mg par jour. Il s'avère que l'acide folique fonctionne aussi avec les vitamines B3 et B6 dans la réduction du taux d'homocystéine ; un autre exemple de synergie des vitamines dans l'organisme.

Dans ce même groupe de compléments utiles se trouvent les minéraux suivants : le calcium, le zinc, le sélénium et le chrome.

Le calcium

On vous a dit que le calcium est nécessaire pour avoir une forte ossature, puisque 99 % du calcium se trouvent dans les os. Mais il est également indispensable pour contrôler la contraction musculaire et le système nerveux. Les produits laitiers, dont le fromage, sont sans aucun doute la meilleure source de calcium. Mais les brocolis, le chou-fleur, les légumes verts et le tofu au « calcium précipité » fournissent aussi ce minéral important.

Ma prescription en calcium : je recommande 500 à 1 000 mg de calcium par jour. L'essentiel peut être obtenu grâce aux produits laitiers allégés.

Zinc

Voilà un autre minéral important. Le zinc joue un rôle primordial dans le bon fonctionnement de votre système immunitaire et, ce qui n'est pas surprenant, dans la production des écosanoïdes. Comme on peut s'y attendre, les bonnes sources de zinc sont les bases du régime de l'Équilibre, dont le poulet, le bœuf, le poisson, les flocons d'avoine et les noix.

Ma prescription en zinc : si vous voulez prendre des compléments en zinc, alors 15 mg par jour devraient suffire. Comme avec la vitamine B3 et B6, vous trouverez probablement cette quantité de zinc dans un complément courant vitamines/minéraux.

Sélénium

C'est un composant essentiel de l'enzyme nommée glutathione peroxidase, qui réduit l'excès de radicaux libres. C'est pourquoi un complément en sélénium est utile dans le traitement et la prévention du cancer. Les sources de nourriture au sommet de la chaîne alimentaire ont tendance à être riches en sélénium. Cela inclut les fruits de mer et le bœuf. Les noix sont également riches en sélénium.

Ma prescription en sélénium : la dose que je conseille pour ce complément est de 200 mg par jour.

Chrome

Le chrome fait partie d'un complexe biochimique désigné sous le terme de « facteur de tolérance au glucose ». Ce complexe rend l'insuline plus efficace dans la conduite du glucose du sang dans les cellules pour qu'il y soit utilisé. Ainsi, plus vous avez de chrome, moins vous avez besoin de fabriquer de l'insuline. C'est pourquoi le chrome est qualifié de potentialisateur de l'action de l'insuline. Malheureusement, de nombreux fabricants de compléments ont présenté le chrome comme le seul nutriment requis pour perdre de la graisse ou faire du muscle. Rien n'est moins vrai. Votre régime aura un effet beaucoup plus grand sur l'insuline que n'importe quel complément.

Ma prescription en chrome : si vous choisissez de compléter votre régime avec du chrome, je suggère que vous preniez environ 200 mg par jour.

COMPLÉMENT EXOTIQUES MOINS BON MARCHÉ

Ce dernier groupe de vitamines est intéressant, mais seulement si vous avez de l'argent à dépenser. Il comprend le lycopène, le leutin, le CoQ10 et les oligoproanthocyanidins (polyphénols). Tous sont des anti-oxydants exotiques. Deux des plus intéressants sont les caroténoïdes lycopène et leutin.

Le lycopène et le leutin

Le lycopène et le leutin ont été associés à la réduction du cancer de la prostate et se trouvent essentiellement dans les aliments possédant des pigments rouges, tels que les tomates et la pastèque. Le leutin est associé à la réduction de la dégénérescence maculaire (qui provoque un champ de vision toujours plus petit et conduit à la perte de la vue). Où trouver le leutin ? Dans les légumes verts et le poivron rouge.

Mes recommandations pour le lycopène et le leutin : si vous voulez compléter votre régime avec ces anti-oxydants très chers, essayez 3 à 5 mg.

CoQ10

Ce n'est pas vraiment une vitamine, puisque le corps peut le synthétiser, mais la synthèse est généralement très inefficace. Le CoQ10 fonctionne comme de la vitamine E et semble être la dernière ligne de défense pour prévenir l'oxydation des lipoprotéines à faible densité (LDL), qui se révèle être un facteur essentiel dans le développement de l'artériosclérose. Il existe aussi des preuves de son intérêt dans le traitement des arrêts cardiaques.

Ma prescription en CoQ10 : je recommande 30 mg par jour.

Les polyphénols (OPC)

Ces anti-oxydants, présents dans le raisin, appartiennent à la famille des bioflavanoïdes, qui fonctionnent avec la vitamine C. Comme les bioflavanoïdes ont une certaine solubilité dans les graisses et dans l'eau, ils font un bon système de navette pour aider à dégager les radicaux libres stabilisés des anti-oxydants solubles dans la graisse, comme la vitamine E ou le bêta-carotène, vers les anti-oxydants solubles dans l'eau comme la vitamine C. Résultat final : l'excès de radicaux libres peut être détoxifié par le foie plus rapidement.

Ma prescription en OPC : je suggère 5 à 10 mg par jour.

COMPLÉMENTS POUR LES VÉGÉTARIENS

Toutes mes recommandations valent pour les végétariens, mais j'en ajouterai deux.

DHA *des algues*

La seule manière dont les végétariens peuvent obtenir une bonne quantité d'oméga 3 DHA, qui est indispensable pour le fonctionnement du cerveau, c'est en ayant recours aux compléments. Le DHA peut désormais être extrait des algues. L'organisme rétro-convertira une partie de ce DHA en EPA. Une méthode bien moins efficace consiste à consommer de grandes quantités d'huile de lin. Bien que l'huile de lin contienne des acides gras oméga 3 courte chaîne, leur conversion en acides gras oméga 3 longue chaîne est très aléatoire.

Ma prescription en DHA extrait des algues : 3 à 5 g d'huile d'algue (contenant au moins 1 g de DHA en tout).

Vitamine B12

L'autre complément utile pour les végétariens est la vitamine B12, car on ne la trouve que dans les sources de protéines animales.

Ma prescription en vitamine B12 : en raison de la mauvaise absorption de la vitamine B12, je recommande de prendre 50 mg par jour.

RÉSUMÉ DES RECOMMANDATIONS

Type	Quantité journalière
ESSENTIEL	
• Huile de poisson	5 g
• Vitamine E	100 à 400 I.U.
IMPORTANT	
• Vitamine C	250 à 500 mg
• Magnésium	300 à 400 mg
COMPLÉMENTS SECONDAIRES	
BON MARCHÉ	
• Bêta-carotène	5 000 I.U.
• Vitamine B3 ou PP	20 mg
• Vitamine B6 (pyridoxine)	5 à 10 mg
• Acide folique	500 à 1 000 mg
• Calcium	500 à 1 000 mg
• Zinc	15 mg
• Sélénium	200 mg
• Chrome	200 mg
COMPLÉMENTS EXOTIQUES	
MOINS BON MARCHÉ	
• Lycopène	
• Leutin	3 à 5 mg
• CoQ10	30 mg
• OPC (polyphénols)	5 à 10 mg
COMPLÉMENTS	
POUR LES VÉGÉTARIENS	
• Huile d'algue	3 à 5 g
contenant 20 à 30 % de DHA	
• Vitamine B12	50 mg

CHAPITRE 11

ULTIMES AMÉLIORATIONS DE L'ÉQUILIBRE

Si vous vous en sortez bien avec la méthode de l'œil et de la paume, inutile de lire ce chapitre trop attentivement. Toutefois, il vous permettra de trouver l'équilibre le plus adapté à votre biochimie unique.

L'Équilibre n'est pas un régime au sens traditionnel. Les régimes peuvent être considérés comme de courtes périodes de privation et de faim destinées à perdre du poids, avant de reprendre ses anciennes habitudes... qui sont à l'origine de la prise de poids ! Le régime de l'Équilibre est un programme de gestion alimentaire définitif. C'est comme s'il s'agissait d'un chéquier hormonal. Comme votre chéquier, vous n'avez pas à faire vos comptes au centime près pour pouvoir l'utiliser. Vous avez juste intérêt à vous assurer que votre prochain chèque sera approvisionné. Le régime de l'Équilibre obéit au même principe. Il s'agit de répartir au mieux les protéines, les hydrates de carbone et les lipides à chaque repas afin d'obtenir la bonne action hormonale ; mais vous n'avez pas à calculer votre repas au gramme près à chaque fois.

Dopez votre carburateur hormonal

Le régime de l'Équilibre recherche donc le meilleur rende-
ment hormonal possible. Cela revient à bien doser l'essence
et l'air dans le moteur d'une voiture pour avoir la meilleure
consommation possible. Il n'existe pas de ratio exact et
unique pour un équilibre optimal en raison de la diversité
génétique des individus. Toutefois, l'équilibre des protéines
par rapport aux hydrates de carbone peut être décrit sous
forme de courbe, comme le montre le schéma ci-contre : si
vous mangez plus de deux fois plus d'hydrates de carbone
que de protéines – selon un ratio protéines/hydrates de carbone de moins de 0,5 – lors d'un repas, vous êtes susceptible
de fabriquer trop d'insuline, ce qui peut conduire à une plus
grande accumulation de graisse. En revanche, si vous mangez plus de protéines que d'hydrates de carbone – selon un
ratio protéines/hydrates de carbone supérieur à 1 – au cours
d'un même repas, vous êtes susceptible de fabriquer trop de
glucagon, ce qui peut conduire à un état de cétose. Ne vous
préoccupez pas de ces chiffres : si vous utilisez la méthode
de l'œil et de la paume décrite dans le chapitre 3, vous
devriez être constamment à l'intérieur de ces limites et donc
en Équilibre.

Si je tiens à présenter ce schéma, c'est pour montrer qu'il
y a un fondement mathématique de l'Équilibre, et que vous
pouvez adapter chacun des repas que vous aimez manger
afin de rester dans la zone idéale, exactement comme vous
régleriez le carburateur de votre voiture.

Si vous souhaitez une précision plus grande encore
(notamment pour ajuster votre carburateur hormonal) voici
deux méthodes supplémentaires de comptabilisation des aliments dont j'ai pu vérifier l'utilité au fil des ans.

La méthode « 1-2-3 »

Comme la plupart d'entre nous sommes habitués à lire les indications nutritionnelles sur les aliments, j'ai mis au point un système facile à utiliser pour élaborer des repas en Équilibre. Au lieu de compter les calories, vous compterez le nombre de grammes de lipides, de protéines, et d'hydrates de carbone. Pour les aliments empaquetés, vous pouvez vous fier aux indications pour savoir combien de grammes de chacun des macro-nutriments ils contiennent. Certains aliments contiennent des protéines, des hydrates de carbone et des lipides dans des proportions variées, mais la plupart contiennent une quantité massive d'un seul de ces nutriments. Quant aux aliments en vrac, vous pouvez apprendre rapidement leur contenu en hydrates de carbone, protéines et lipides en vous reportant à l'annexe 2 à la fin de cet ouvrage.

L'ÉQUILIBRE DÉPEND DU RATIO
PROTÉINE/HYDRATE DE CARBONE

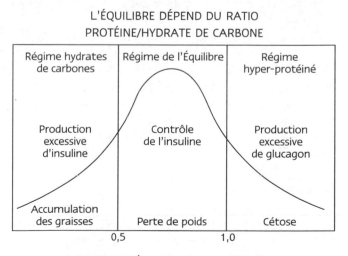

RATIO PROTÉINE/HYDRATE DE CARBONE

Comment utilise-t-on exactement la méthode 1-2-3 ? C'est aussi simple que le B.A.ba : pour 1 g de lipide consommé, vous devez ajouter 2 g de protéines maigres, et 3 g d'hydrates de carbone, et cela à chaque repas. Revenons à notre femme qui a besoin de 90 g d'aliments protéinés maigres à chaque repas, c'est-à-dire 20 g de protéines nettes environ. Son repas de zone idéale standard serait constitué de 10 g de lipides, 20 g de protéines et 30 g d'hydrates de carbone, ou 1-2-3.

Autre méthode : prenez le nombre de grammes de protéines que vous pensez consommer (disons 30), divisez-le par deux et vous aurez votre quantité de lipides.

30 g de protéines/2 = 15 g de lipides

Puis prenez le nombre de grammes de lipides (15) et ajoutez-le au nombre de grammes de protéines (30) pour obtenir le nombre de grammes d'hydrates de carbone (45) pour ce repas :

30 g de protéines + 15 g de lipides = 45 g d'hydrates de carbone.

Ce système de calcul simple donne un ratio protéines/hydrates de carbone de 0,7, dans la moyenne de l'Équilibre, comme le montre le précédent schéma. Ces chiffres ne sont absolument pas figés. Ils peuvent être modifiés suivant votre biochimie particulière. Mais en suivant ce système, vous pouvez adapter le régime de l'Équilibre avec une extrême précision. Voyons donc comment la méthode 1-2-3 fonctionne en pratique.

Protéines

Voici un truc utile pour vous aider à mieux visualiser ce que 20 ou 30 g de protéines représentent concrètement. Achetez une balance de cuisine bon marché et pesez 90 g de viande maigre ou 120 g de poisson. Cela fournit 20 g de protéines, ce qui convient à la plupart des femmes. Pour les hommes, mesurez 120 g de viande maigre ou 180 g de poisson. Cela représente 30 g de protéines. En quelques jours, vous pourrez évaluer ces quantités chez vous, au restaurant et lorsque vous êtes invité à dîner. Vous réaliserez bientôt que ces quantités de protéines correspondent généralement à ce qu'on vous sert dans un restaurant gastronomique.

Hydrates de carbone

Examinons de plus près ces fameux hydrates de carbone. Lorsque vous regardez une étiquette, vous y lisez le nombre de grammes total de glucides. Toutefois, ce chiffre inclut les grammes de fibres, qui n'ont aucun effet sur l'insuline. Donc, pour avoir une idée de l'effet d'une source d'hydrates de carbone en particulier sur la stimulation de l'insuline, vous devez déduire le contenu en fibres. Dans le tableau suivant, j'indique la quantité d'hydrates de carbone stimulant l'insuline dans quelques aliments de base.

Aliments	Volume	H de c totaux	Fibres	H de c stimulant l'insuline
Pâtes	1 tasse	40	2	38
Pomme	1	20	4	16
Brocolis	1 tasse	7	4	3

Vous constatez aussitôt qu'il vous faudrait manger une énorme quantité de brocolis (environ 12 tasses) pour consommer la même quantité d'hydrates de carbone qu'en mangeant une petite portion de pâtes. C'est pourquoi les féculents, le pain et les céréales sont considérés comme des hydrates de carbone à forte densité, alors que les fruits sont des hydrates de carbone à densité moyenne, et les légumes des hydrates de carbone à faible densité. Le régime de l'Équilibre repose sur les hydrates de carbone à faible densité, de sorte que d'importants volumes de nourriture doivent être consommés avant d'avoir un impact notable sur l'insuline. En revanche, de très petits volumes d'hydrates de carbone à forte densité stimulent l'excès d'insuline, ce qui explique pourquoi ils sont utilisés avec modération dans notre programme diététique.

Il y a aussi une grande confusion à propos des hydrates de carbone simples ou complexes. En réalité, tous les hydrates de carbone doivent être transformés en hydrates de carbone simples pour être absorbés. Le taux auquel chaque glucide pénètre dans le sang en tant que simple glucose est connu sous le terme d'index glycémique.

Il s'avère que certains hydrates de carbone complexes comme les pommes de terre, le riz et les carottes, entrent dans le sang en tant que glucoses à un taux plus rapide que le sucre blanc ! Du coup, la distinction entre sucres rapides et sucres lents n'est pas très utile lorsqu'il s'agit de contrôler l'insuline.

La clé de la compréhension des effets de n'importe quelle source d'hydrates de carbone sur l'insuline n'est pas liée à son index glycémique, mais à sa charge glycémique. Le concept de la charge glycémique prend en compte et la densité des hydrates de carbone dans un volume de nourriture donné et son taux de pénétration dans le sang.

Nous pouvons donc définir un hydrate de carbone favorable comme ayant une charge glycémique faible. Plus celle-ci est faible, plus l'hydrate de carbone est favorable à l'Équilibre, ainsi que l'indique le tableau ci-dessous.

Hydrates de carbone favorables et défavorables

Favorables (qui ont un effet plus faible sur l'insuline)	**Défavorables** (qui ont un effet plus important sur l'insuline)
• La plupart des légumes (sauf le maïs et les carottes) • La plupart des fruits (sauf les bananes et le raisin) • Certaines céréales (l'avoine et l'orge)	• Les céréales et les féculents (pâtes, pain, pommes de terre, etc.) • Certains fruits (banane, raisin, etc.) • Certains légumes (maïs et carottes)

Si vous suivez la méthode 1-2-3, une femme devrait manger environ 30 g d'hydrates de carbone lors d'un repas, alors qu'un homme en consommerait 45 g. Ci-dessous, voici les quantités d'aliments qui fournissent 10 g d'hydrates de carbone.

Aliments	Volume
Brocolis	3 tasses
Haricots verts	1 tasse
Pomme	1/2
Fraises	1 tasse
Pâtes	1/4 de tasse
Riz	1/5 de tasse
Pain	1/2 tranche

Donc, pour obtenir 30 g d'hydrates de carbone pour le repas en Équilibre d'une femme, on peut choisir une tasse de fraises (10 g), une tasse de haricots verts (10 g) et

1/2 tranche de pain (10 g). Cela fournirait 30 g d'hydrates de carbone, assez pour contrebalancer 20 g de protéines. Un homme pourrait manger une tasse et demie de brocolis (5 g), une tasse de fraises (10 g), une pomme (20 g), et un quart de tasse de pâtes (10 g). Cela fournirait 45 g d'hydrates de carbone, suffisamment pour contrebalancer 30 g de protéines. Mélangez et associez vos hydrates de carbone comme il vous plaira à condition qu'ils ne dominent pas le contenu en protéines du repas.

Comme vous pouvez le voir dans cet exemple, il ne s'agit pas de ne jamais manger des hydrates de carbone défavorables. Simplement, traitez-les comme des condiments et utilisez-les avec modération.

Lipides

Le principal type de lipides utilisé dans le régime de l'Équilibre est la graisse mono-insaturée. Mais il n'est pas question de se gaver de graisses. En suivant la méthode 1-2-3, une femme aurait besoin d'environ 10 g de graisse dans un repas en Équilibre, et un homme d'environ 15 g. Ci-dessous, vous trouverez une liste de graisses mono-insaturées qui, lorsqu'elles sont ajoutées au contenu en protéines d'un repas en Équilibre, fourniront un total de 10 g de lipides.

Aliments	Volume
Huile d'olive	1/2 cuill. à café
Guacamole	4 cuill. à soupe
Amandes effilées	2 cuill. à soupe
Amandes	12
Noix de pécan	2

Notre repas en Équilibre pour une femme pourrait donc contenir 1/2 cuillerée à café d'huile d'olive (avec du vinaigre), fournissant un total de 10 g de graisse mono-insaturée. Le repas d'un homme peut contenir 2 cuillerées à soupe d'amandes effilées (10 g) et 2 cuillerées à soupe de guaca-mole (5 g), fournissant un total de 15 g de graisse mono-insaturée. Malgré l'addition de graisse, l'Équilibre demeure un programme maigre (en termes de grammes de graisses) et, plus important, il est très pauvre en graisse saturée.

Regardons donc maintenant le repas en Équilibre type d'un homme et celui d'une femme.

Homme	Femme
PROTÉINES	
120 g de blanc de poulet	90 g de blanc de poulet
HYDRATES DE CARBONE	
1 tasse de fraises	1 + 1/2 tasse de brocolis
1 tasse de haricots verts	1 tasse de fraises
1/2 tranche de pain	1 pomme
1/4 de tasse de pâtes	
LIPIDES	
1/2 cuillerée à café d'huile d'olive	2 cuillerées à soupe d'amandes effilées
2 cuillerées à soupe de guacamole	

Chaque repas suit la méthode 1-2-3, et vous pouvez voir que personne ne risque de se sentir privé bien que le repas type d'une femme compte moins de 300 calories et celui d'un homme à peine plus de 400. Faites trois repas de même proportion ainsi que deux collations et votre consommation de calories sera d'environ 1 200 pour une femme et 1 500 pour un homme. Le régime de l'Équilibre est un programme de réduction des calories à vie, mais sans privations (grâce à l'importance des repas) ni faim (parce que le taux de sucre dans le sang est maintenu à un niveau constant).

Le système des blocs

C'est la seconde méthode de calcul. Beaucoup la trouvent plus simple à utiliser que la méthode 1-2-3 mais il faut le temps de s'y habituer. En gros, il s'agit de mesurer les aliments en blocs plutôt qu'en grammes.

Personnellement, je crois que ce système est au bout du compte plus facile parce qu'on n'a pas à se souvenir d'autant de chiffres qu'avec la méthode 1-2-3. Les blocs d'aliments en Équilibre sont des volumes ou des poids de différents aliments qui contiennent le même nombre de grammes de protéines, d'hydrates de carbone et de lipides. Maintenant, tout ce que vous avez à faire, c'est de maintenir ces blocs dans un ratio de 1/1/1 pour être en Équilibre.

Selon cette méthode, un bloc de protéines est égal à 7 g, un bloc d'hydrates de carbone à 9 g, et un bloc de lipides à 3 g. Cela signifie qu'une femme aura besoin de 3 blocs de protéines, d'hydrates de carbone et de lipides par repas, alors qu'un homme aura besoin de 4 blocs de chaque par repas.

Puisque les gens ne se nourrissent généralement que de 20 aliments différents, tout ce que vous avez à mémoriser c'est la taille des blocs de vos aliments préférés. En fait, il est probablement plus difficile de se souvenir de son numéro de téléphone. L'annexe 2 dresse la liste des aliments les plus courants présentés en blocs.

Réglez votre carburateur hormonal

Y a-t-il un régime unique pour tout le monde ? La réponse est à la fois oui et non. Il n'y a qu'un seul régime hormonalement correct pour tout le monde et c'est celui qui maintient l'insuline dans la zone idéale. Toutefois, l'équilibre entre les protéines et les hydrates de carbone pour atteindre cette zone peut être différent d'une personne à l'autre, et nous n'aimons pas tous manger les mêmes choses. Que vous utilisiez la méthode de l'œil et de la paume, celle du 1-2-3 ou celle des blocs, la technique pour régler votre carburateur hormonal est la même.

Alors comment savoir si votre dernier repas était hormonalement correct ? C'est très simple. Après avoir mangé, regardez votre montre. Puis, quatre heures plus tard, posez-vous deux questions :

Avez-vous faim ?

Parvenez-vous à vous concentrer ?

Si la réponse à ces deux questions est oui, alors vous savez que votre dernier repas était hormonalement correct, adapté à votre biochimie. Vous pouvez toujours vous référer à ce repas précis dans ces proportions précises pour obtenir le même résultat hormonal. Exactement comme pour un médicament. Tout ce qu'il vous faut, c'est élaborer 10 repas hormonalement performants (2 petits déjeuners, 3 déjeuners et 5 dîners) que vous pouvez constamment faire alterner dans votre régime.

En revanche, si la réponse à l'une ou l'autre question est non, alors vous savez que votre dernier repas n'a pas été hormonalement correct. Par exemple, si vous avez faim et vous sentez un peu vaseux, déconcentré (comme par exemple après avoir mangé un grand plat de pâtes) cela signifie que vous avez consommé trop d'hydrates de carbone par rapport aux protéines, et avez trop fait monté votre taux d'insuline. Prévoyez de faire le même repas, et gardez la même quantité de protéines, mais réduisez les hydrates de carbone d'environ 10 g ou d'un bloc.

Si vous n'avez pas de problème de concentration mais que vous avez faim, cela indique que vous avez mangé trop de protéines par rapport aux hydrates de carbone. Du coup, votre taux d'insuline a trop baissé, alors le cerveau vous demande de manger à nouveau même s'il reçoit assez de sucre. Dans ce cas, la prochaine fois que vous faites ce même repas, gardez la même quantité de protéines mais augmentez les hydrates de carbone d'environ 10 g ou d'un bloc. En utilisant l'un ou l'autre des systèmes de calcul, vous apprenez à ajuster votre carburateur hormonal en fonction de votre propre biochimie unique tout en utilisant uniquement les aliments que vous aimez manger.

Pouvez-vous finir par être trop maigre ?

L'Équilibre est conçu pour vous permettre d'atteindre votre poids idéal et de le conserver définitivement. Toutefois, vous pouvez devenir trop sec. Comment savoir si vous avez atteint ce stade ? Vous pourrez voir nettement vos abdominaux. Normalement, cela n'arrive qu'aux athlètes de haut niveau, et peut survenir lorsqu'on inclut de l'exercice intensif au programme de l'Équilibre. Mais si cela se produit (et à moins de vouloir ressembler à un athlète olympique) alors que faire ? Vous ne devez pas ajouter de protéines à votre régime parce qu'il est déjà dosé correctement en protéines. Vous ne devez pas ajouter des hydrates de carbone puisque cela augmenterait votre taux d'insuline. Il reste donc un seul nutriment que vous pouvez augmenter puisqu'il contient des calories mais n'a aucun effet sur l'insuline : c'est notre vieille amie la graisse, et en particulier la graisse mono-insaturée. Ajoutez davantage de graisse mono-insaturée à votre régime (comme l'huile d'olive, les noix de pécan ou le guacamole). Cela vous apportera assez de calories pour maintenir votre pourcentage de graisse corporelle à un niveau compatible avec une bonne forme. En fait, de nombreux athlètes de haut niveau avec qui je travaille consomment plus de 50 % de calories sous forme de graisse mono-insaturée afin de maintenir le pourcentage de graisse corporelle nécessaire pour des performances sportives optimales. Si vous deviez fabriquer trop de graisse, réduisez de nouveau les graisses supplémentaires jusqu'à ce que vos abdominaux commencent à réapparaître.

Lâchez-vous une fois par mois

Le régime de l'Équilibre n'est pas restrictif, pas plus qu'il n'exige une attention parfaite. En fait, vous obtiendrez 75 % de ses bénéfices en le suivant 75 % du temps. Du coup, il n'y a pas de raison de culpabiliser. Si vous faites un repas « incorrect », veillez simplement à ce que le suivant soit strictement en Équilibre. Personne n'est parfait, et personne ne doit non plus devenir obsessionnel au sujet de ses repas.

Et même si vous étiez parfait, je vous recommande vivement de faire un gros repas chargé en hydrates de carbone (pâtes, cuisine mexicaine, etc.) au moins une fois par mois, juste pour vous sentir mal le lendemain. Vous vous sentirez gonflé, fatigué, peu alerte intellectuellement – en gros, vous aurez l'impression d'avoir été percuté par un camion. Il s'agit d'une gueule de bois à l'insuline. Si je recommande une telle torture une fois par mois, c'est pour confirmer le pouvoir de l'alimentation et vous montrer qu'un seul repas hormonalement incorrect peut vous propulser directement dans l'enfer glucidique. Ce n'est pas grave, votre prochain repas vous remettra en équilibre. Mais certains d'entre nous ont besoin de démonstrations choc de temps à autre pour être sûrs de savoir comment ils veulent passer le reste de leur vie.

CHAPITRE 12

SUCCESS-STORIES DE L'ÉQUILIBRE

Trouver l'Équilibre vous aidera à mieux réfléchir, à être plus performant, et à avoir meilleure allure. Mais le pouvoir de cette technologie diététique va bien au-delà de ces bénéfices. Elle a été élaborée pour traiter ce que j'appelle les états de santé « soit/soit » pour lesquels *soit* il n'existe pas de traitement, *soit* les traitements existants sont rébarbatifs.

Le contrôle hormonal sera la clé de la médecine de demain. Or l'essentiel de ce contrôle s'exerce grâce à l'alimentation. C'est ce que vous expérimentez lorsque vous accédez à l'Équilibre. Vous constatez des changements importants et cela simplement parce que vous avez traité l'alimentation avec le même respect qu'un médicament prescrit par votre médecin traitant.

Mais plutôt que de me répéter indéfiniment, je préfère laisser la parole à ceux qui ont tenté l'aventure de l'Équilibre et vu leur existence transformée. Voici leurs histoires. Elles commencent peut-être comme la vôtre. Leur dénouement, toutefois, est le résultat tout à fait singulier de l'Équilibre.

Willard H. a survécu à un cancer de la prostate. Il écrit :
Je viens de rentrer de la clinique Mayo, où je me rends

pour mon bilan annuel. Tous mes examens sont bons. Mon PSA (un marqueur du cancer de la prostate) est indécelable. Mon cholestérol a continué à diminuer, passant de 210 à 150. Je vous remercie et vous félicite, vous et l'Équilibre. J'en ai parlé à mes médecins. Ils ne sont pas spécialistes en nutrition mais ils m'ont dit que c'était un bon programme. Je n'avais pas besoin de leur bénédiction, de toute façon. Je suivrai votre régime toute ma vie. Je suis persuadé qu'il a largement contribué à maintenir mon PSA à un niveau si faible.

Aujourd'hui, cinq ans plus tard, Willard H. continue à m'écrire pour m'informer de sa bonne santé et de son PSA quasiment nul.

Encore plus encourageants, les témoignages de personnes sous traitement depuis des années, comme Audrey :

J'ai souffert de dépression pendant 37 ans et j'ai dépensé une fortune en thérapies et en médicaments. Face à une constante prise de poids et à d'autres effets secondaires des antidépresseurs, j'ai voulu tout arrêter. Avec la collaboration de mon médecin, j'ai réussi à me passer de médicaments depuis 4 mois et je ne suis toujours pas retombée dans la dépression. Avant d'entendre parler de l'Équilibre, j'avais diminué spontanément le sucre et l'alcool. Le mois dernier, j'ai eu vent de votre programme par un ami et j'ai décidé d'essayé. Je m'en trouve plus heureuse, et j'ai les idées plus claires que jamais (je n'aurais pas pu imaginer que je pouvais ressentir cela). Plus important encore, l'Équilibre a pu venir à bout des effets persistants des antidépresseurs. Avant d'adopter l'Équilibre, je pesais 70 kg (10 de plus qu'autrefois). Maintenant, je suis heureuse d'en afficher 60 et de rentrer à nouveau dans mes vêtements favoris. L'Équilibre m'aide dans de nombreux domaines de mon existence, particulièrement physiquement et psychologiquement. Quand ces deux domaines sont stables, le reste de la vie coule tout seul.

Pat G., elle, écrit :

Je pesais 100 kg et étais diabétique de type 2. Mon cerveau était toujours embrumé par les médicaments. Après 4 mois en Équilibre, j'ai perdu 20 kg, et je me sens formidablement bien. Mon corps est encore en train de changer. Mes muscles augmentent et sont plus toniques et je perds de la graisse. Je ne prends aucun médicament. Mon taux de glycémie continue à se maintenir dans la norme. Je n'ai pratiquement plus mal au dos ou aux jambes. Mon médecin n'en revient pas.

L'expérience qu'a fait Pat de l'Équilibre et d'un meilleur contrôle de la glycémie n'est pas différente de celle de nombreux individus, y compris Fedore L. :

Durant le mois de septembre, j'ai commencé à avoir un étrange goût de sciure dans la bouche et des douleurs aiguës au niveau du foie ainsi qu'un peu de mousse dans les urines. J'ai décidé d'aller consulter mon médecin, et mes examens sanguins du 13 octobre ont révélé un taux de glycémie grimpant à 288, et une inflammation du foie. Il m'a prescrit un traitement contre le diabète, puis m'a demandé de revenir six semaines plus tard pour un autre examen. J'ai sérieusement hésité entre essayer l'Équilibre ou commencer le traitement. J'en ai parlé à mon médecin, qui, comme je m'y attendais, n'était pas ravi. J'ai obtenu de lui un essai de 4 semaines. Je lui ai avoué que j'avais maltraité mon corps depuis 40 ans (j'en ai 71), et que je voulais lui donner une chance de récupérer. Terrorisé, j'ai suivi le programme de l'Équilibre à la lettre. 4 semaines plus tard, mon examen sanguin affichait 103, donc totalement normal. Puis, volontaire-

ment, je me suis un peu éloigné de l'Équilibre, et une semaine plus tard, ma glycémie était remontée à 126. Je suis sincèrement convaincu que l'alimentation devrait être considérée comme un médicament.

Être soulagé de la douleur est essentiel pour une bonne qualité de vie. C'est pourquoi j'ai été heureux de recevoir une lettre de Belinda D. Cette spécialiste de l'environnement était non seulement trop forte mais souffrait aussi régulièrement de syndromes liés au stress qui avaient nécessité trois interventions. Elle prenait encore 18 aspirines par jour pour calmer la douleur.

Lorsque je suis tombée sur votre livre chez mon libraire, ma première réaction a été de le reposer et de me promettre de ne pas essayer un énième régime. Ce qui m'a décidée à l'acheter malgré tout, c'est ce que j'ai lu sur les rhumatismes. J'en étais à un tel degré de souffrance que j'étais prête à essayer n'importe quoi. En un mois d'application de l'Équilibre, ma douleur a diminué au point que j'ai cessé de prendre tout médicament, et j'ai même recommencé à vivre sans douleur. La perte de poids consécutive a constitué un bénéfice supplémentaire pour mon état général. Pour information, j'ai perdu 20 kg durant les cinq derniers mois. J'ai encore du chemin à faire, mais je ne ressens aucune pression par rapport à cet objectif. Mon mari a eu la même expérience réussie de l'Équilibre. Il a retrouvé son poids idéal de 90 kg (et non 110), et j'ai l'impression de vivre avec un homme tout neuf. La plus grande amélioration, c'est son bien-être psychologique. Merci encore pour votre travail et pour votre capacité à transmettre votre savoir de façon si claire et concise.

Il existe de nombreuses histoires comme celles-ci, mais je pense que les exemples que j'ai choisis sont représentatifs de mon concept de base selon lequel l'alimentation est un médicament très puissant s'il est utilisé correctement.

Mais qu'en est-il des personnes trop fortes qui font du sport pour perdre du poids ? Voyons le cas de Steve G., qui, il y a trois ans pesait 170 kg. Déterminé à changer de vie, Steve a commencé à faire du vélo, à courir 1 heure par jour et à suivre un régime à 1 000 calories par jour riche en hydrates de carbone et pauvre en lipides. En un an, il était retombé à 125 kg. Mais un an et demi plus tard, il faisait autant de sport et mangeait la même chose et rien ne se passait. Son poids demeurait le même.

J'ai remarqué votre livre l'été dernier dans une librairie, et je n'en revenais pas de la logique de ce que vous expliquiez. J'ai diminué le sport et ajouté un peu de graisse à mon régime. J'ai appliqué votre technologie et mon poids a chuté. J'en suis à 100 kg aujourd'hui, et en bon chemin pour atteindre mon objectif final : 85 kg. En plus, je déborde d'énergie, alors qu'avec les autres régimes, je me sentais toujours vidé. L'Équilibre, c'est vraiment une méthode qui fonctionne.

Il est évidemment très gratifiant pour moi de recevoir de tels témoignages. Pourtant, ce n'est pas à moi que revient le véritable mérite de tout cela, mais bien à ces lecteurs. Ils ont pris l'initiative de changer leur vie et vous pouvez en faire autant. J'espère que certaines de ces histoires illustrent le potentiel du régime de l'Équilibre pour améliorer votre santé, et peut-être vous inspireront-elles certains changements à vous aussi. Souvenez-vous, le régime de l'Équilibre n'est pas drastique ; il exige juste que vous considériez l'alimentation différemment et que vous preniez vos responsabilités lorsque vous mangez – un faible prix à payer pour une existence meilleure et plus longue.

CHAPITRE 13

LES QUESTIONS
QU'ON ME POSE FRÉQUEMMENT

Questions générales

Pourquoi faut-il des protéines et des hydrates de carbone à chaque repas et collation ?

Selon la logique de l'Équilibre, l'excès d'insuline rend gras. Votre objectif consiste donc à maintenir l'insuline dans une certaine zone, ni trop élevée, ni trop faible, durant toute la journée. Or on l'a vu, le contenu en protéines et en hydrates de carbone d'un repas a un impact considérable sur la production d'insuline et détermine votre capacité à maintenir l'insuline dans cette zone idéale durant les six heures qui suivent.

Pourquoi les horaires des repas sont-ils si importants ?

Comme pour un traitement médicamenteux, il faut que vous contrôliez l'utilisation que fait le corps des protéines et des hydrates de carbone en permanence durant la journée, et vous devez pour cela faire au moins trois repas et prendre deux collations. Un repas hormonalement correct devrait vous maintenir en Équilibre entre quatre et six heures et une collation entre deux heures et deux heures et demie. En outre, vous devez manger dans l'heure qui suit votre réveil, et ne pas oublier les collations de l'après-midi et de la fin de soirée. Manger toutes les cinq heures, que vous ayez faim ou pas, est nécessaire pour rester en Équilibre. En fait, l'absence de faim et de besoin de sucre ou de douceur ainsi qu'une bonne capacité de concentration sont des signes fiables d'équilibre hormonal.

Tout comme vous planifiez vos activités quotidiennes, vous devez planifier vos repas et vos collations. Selon votre heure de réveil, déterminez les heures auxquelles il vous faudra manger.

Si je suis le régime de l'Équilibre, est-ce que cela signifie que je ne pourrai plus jamais manger de pâtes, de riz ou de pain ?

Non, mais vous devrez utiliser ces hydrates de carbone avec modération, comme des condiments. Veillez seulement à ce que l'essentiel de votre absorption quotidienne d'hydrates de carbone vienne des légumes et des fruits et, autant que possible, réduisez votre consommation de féculents et de céréales.

Je pensais que les hydrates de carbone complexes (sucres lents, comme les céréales et les féculents) étaient bon pour la santé...

Les céréales et les féculents sont des hydrates de carbone à haute densité que l'on consomme aisément en excès, ce qui fait augmenter l'insuline. Par exemple, une tasse de pâtes cuites contient la même quantité d'hydrates de carbone que 12 tasses de brocolis. Il est quasiment impossible de consommer en excès les hydrates de carbone à faible densité sous la forme de fruits et légumes, et leurs fibres ralentissent le taux de pénétration des hydrates de carbone dans le sang, aidant à contrôler le taux d'insuline. En outre, n'oubliez pas que les fruits et les légumes sont pleins de vitamines et de minéraux, contrairement aux féculents et aux céréales. Souvenez-vous : cela ne veut pas dire que vous ne mangerez plus jamais de céréales ni de féculents, mais lorsque vous en mangerez, ils devront être consommés avec modération par rapport aux fruits et aux légumes.

Est-ce qu'il faut que je suive le régime de l'Équilibre à la lettre pour qu'il soit efficace ?

Non. De toute évidence, plus vous êtes précis, plus les résultats sont bons, mais même si vous ne suivez qu'assez grossièrement le régime de l'Équilibre et utilisez la méthode des yeux et de la paume, votre insuline ne sortira pas trop de la zone idéale. Souvenez-vous simplement de faire très attention à votre faim et à votre capacité de concentration, quatre à six heures après un repas. Au simple jugé, vous serez en mesure d'ajuster votre carburateur hormonal avec une précision croissante sans avoir à vous soucier des proportions, du poids ou de tout autre calcul précis.

Le régime de l'Équilibre est-il un régime hyper-protéiné ?

Non, c'est un régime équilibré en protéines. Vous ne devriez jamais manger des quantités excessives de protéines ; pas plus que ce que votre corps exige. À chaque repas, la bonne quantité de protéines est approximativement de 90 g pour une femme et 120 g pour un homme. Les deux collations devraient contenir 30 g de protéines chacune. Ces quantités de protéines maigres peuvent difficilement être considérées comme excessives.

Je préfère manger moins et plus souvent pendant la journée. Puis-je rester en Équilibre ?

En fait, plus vous faites de petits repas, mieux vous contrôlez l'insuline. C'est ce qu'on appelle fractionner.

Est-ce que je devrais m'inquiéter d'un apport apparemment aussi faible en calories ?

Pour la plupart des femmes, le minimum total de calories est de 1 100 à 1 200, et pour les hommes de 1 400 à 1 500. Même si cela peut apparaître comme un régime de privations qui risque de vous fatiguer, l'Équilibre va plutôt éliminer la faim entre les repas, ainsi que l'éternelle envie de sucre et de douceurs, tout en maintenant une énergie physique et mentale optimale durant toute la journée.

Vous n'avez pas faim, parce que l'équilibre entre les protéines et les hydrates de carbone maintient le taux de glycémie stable dont le cerveau a besoin. Enfin, lorsqu'on suit le régime de l'Équilibre, on mange comme si l'on était déjà à son poids idéal car on utilise une combinaison de la graisse corporelle stockée et de l'apport calorique pour combler les besoins caloriques quotidiens. Par conséquent, une fois que vous avez atteint votre poids idéal, vous ne changez pas du tout votre régime.

Est-ce qu'aucun régime hypocalorique ne permet de perdre du poids ? Une calorie est une calorie après tout, non ?

Pas nécessairement. Des recherches effectuées dans les années 1950 l'avaient démontré en comparant différents régimes à 1 000 calories par jour. Tous les patients avaient perdu du poids avec un régime hyper-protéiné (90 % des calories), hyper-lipidique (90 % des calories), et mixte (42 % des calories sous forme d'hydrates de carbone), mais la plupart en avaient pris avec un régime hyper-glucidique (90 % des calories). Réduire les calories sans baisser votre taux d'insuline est une manière garantie de ressentir la privation, une faim permanente, la fatigue et, au bout du compte, d'échouer. En réduisant les calories, vous perdrez du poids, mais vous finirez par atteindre un plateau hormonal où la perte de poids (et plus important : la perte de graisse) cesse, mais les sensations de faim, de fatigue et de privation persistent. Contrairement à d'autres programmes diététiques à calories réduites, le régime de l'Équilibre est une méthode de contrôle hormonal qui maintient le bon taux de sucre dans le sang pour le cerveau, ce qui permet une réduction significative des calories sans faim, sans fatigue ni privation. Le régime de l'équilibre adopté définitivement sera le seul « médicament » capable de garantir une perte définitive de graisse.

Combien faudra-t-il de temps avant que je puisse constater les résultats du régime de l'Équilibre ?

En deux ou trois jours, vous devriez constater une réduction sensible de votre besoin de sucre et une amélioration de votre acuité intellectuelle. En cinq jours, vous remarquerez une baisse significative de votre faim tout au long de la journée associée à de meilleures performances physiques et moins de fatigue à mesure que la journée avance. Gardez à l'esprit que c'est un programme pour perdre de la graisse ; n'espérez pas une perte de poids rapide, qui est souvent essentiellement constituée d'eau. La perte de graisse maximum que vous pouvez espérer, que vous suiviez le régime de l'Équilibre strictement ou non ou que vous fassiez ou non beaucoup d'exercice c'est 500 g à 750 g par semaine. Il est tout bonnement impossible de réduire l'excès de graisse corporelle plus rapidement avec n'importe quel régime. En deux semaines, vous remarquerez que vos vêtements vous vont mieux. Jugez de votre réussite à votre allure, et non aux variations de votre balance.

Quelle quantité minimum de protéines doit-on absorber quotidiennement ?

Je recommande toujours un minimum de 75 g de protéines réparties dans la journée pour les adultes. C'est idéal pour la plupart des femmes, alors que la plupart des hommes auront besoin d'environ 100 g de protéines maigres par jour.

Est-ce que le régime de l'Équilibre peut provoquer de l'ostéoporose et des problèmes de reins ?

L'Équilibre est un régime bien dosé en protéines réparties de façon harmonieuse sur l'ensemble de la journée. Personne ne devrait manger plus de protéines que ce que son corps exige, mais inversement, personne ne devrait en manger moins, car cela créerait une carence en protéines. Avec le régime de l'Équilibre, non seulement vous mangez la bonne quantité de protéines, mais cela se répartit sur trois repas et deux collations. C'est presque comme si vous les receviez en intraveineuse. Les recherches les plus récentes montrent que les femmes qui absorbent davantage de protéines ont 70 % de fractures de la hanche de moins que celles qui en mangent moins de 75 g. En outre, les recherches complémentaires montrent que même pour les patients qui ont des problèmes de reins, les anciennes notions qui poussaient à limiter les protéines étaient peut-être abusives. Et si vous n'avez pas de problème de reins, rien n'indique que le fait de manger les quantités recommandées de protéines dans le régime de l'Équilibre ait un quelconque effet négatif.

Pourquoi les Français n'ont-ils pas un taux élevé de maladies cardiovasculaires ?

Ils semblent prendre du bon temps, et ils ont le taux le plus faible d'Europe de maladies cardiovasculaires ! C'est le fameux « French paradox ». Mais ce paradoxe-là n'en est pas un. Il y a un certain nombre de raisons qui expliquent ces chiffres surprenants, mais je pense que le facteur essentiel, c'est que leurs repas sont modérés en termes de calories, riches en fruits et en légumes, et contiennent toujours des protéines et des lipides. On retrouve là une bonne définition de l'Équilibre. Il y a aussi le prétendu paradoxe espagnol. Durant ces 20 dernières années, les Espagnols ont mangé plus de protéines, plus de lipides, et moins de céréales, et leur taux de maladies cardiovasculaires est en baisse...

Les Chinois mangent beaucoup de riz ; n'ont-ils pas un taux de maladies cardiovasculaires assez faible ?

Non, il est aussi important que celui des Américains chez les hommes citadins, et plus important chez les femmes, que ce soit en milieu urbain ou rural. En outre, les Chinois ont un taux de mortalité adulte plus élevé que celui des Américains. Ces données montrent le danger qui existe à utiliser des données épidémiologiques pour exprimer des généralités diététiques.

Je suis préoccupé par les pesticides sur les fruits et les légumes, et par les hormones et les antibiotiques utilisés dans la production bovine et de volaille. Quelle attitude adopter face à ces dangers ?

Il y a de quoi être préoccupé. Mieux vaut privilégier les produits bio. Toutefois, il faut accepter d'y mettre le prix et de ne pas pouvoir faire ses courses n'importe où. Mais cela ne doit pas vous servir de prétexte pour ne pas consommer la bonne proportion de protéines et d'hydrates de carbone à chaque repas.

Je n'ai pas de problème de poids. Quel intérêt aurais-je à suivre le régime de l'Équilibre ?

L'Équilibre n'est pas un régime à proprement parler. C'est une méthode durable de contrôle des hormones. La perte de l'excès de graisse corporelle n'est qu'un à-côté plaisant et souhaitable. La motivation essentielle, pour suivre le régime de l'Équilibre, c'est que c'est le seul programme diététique qui lutte de façon avérée contre le processus de vieillissement. Bien que le régime de l'Équilibre ait été mis au point, à l'origine, pour les patients cardiovasculaires, il a été testé sur des athlètes de haut niveau. Entre ces deux cas extrêmes, il y a tous les autres. Si vous êtes à votre poids idéal et voulez mieux réfléchir, être plus performant, et vivre plus longtemps, alors le régime de l'Équilibre vous est destiné.

Est-ce que je peux continuer à prendre mes vitamines et mes minéraux ?

Les vitamines et les minéraux sont une police d'assurances bon marché pour assurer une absorption suffisante de micro-nutriments. Toutefois, le régime de l'Équilibre – qui est essentiellement composé de protéines maigres, de fruits, et de légumes – fournit une excellente source de vitamines et de minéraux, et requiert bien moins de compléments alimentaires. Les seuls compléments que je recommande fermement sont les huiles de poissons et la vitamine E.

Qu'entendez-vous exactement par « utiliser avec modération » au sujet des hydrates de carbone défavorables ?

Essayez de faire en sorte que les hydrates de carbone défavorables (céréales, féculents, pain, pâtes) ne constituent pas plus de 25 % du poids total en hydrates de carbone de vos repas. Utilisez-les comme des condiments, pas comme votre principale source d'hydrates de carbone.

Dois-je me préoccuper du sodium ?

Pas si vous suivez le régime de l'Équilibre, car l'excès d'insuline active un autre système hormonal qui provoque la rétention du sodium. Toutefois, il est toujours raisonnable de ne pas utiliser des quantités trop importantes de sel.

Je suis végétarien. Comment puis-je adapter ce régime ?

Ajoutez simplement des aliments riches en protéines à votre régime actuel pour maintenir le bon ratio protéines/hydrates de carbone. L'idéal, c'est le tofu et la poudre de protéines de soja. La nouvelle génération de substituts de viande à base de germes de soja est une autre excellente façon de transformer un régime végétarien riche en hydrates de carbone en un régime végétarien de l'Équilibre. Les sources de protéines végétariennes traditionnelles, comme les haricots, ont une quantité particulièrement élevée de glucide par rapport aux protéines qu'elles fournissent, ce qui empêche d'atteindre l'équilibre souhaité entre les protéines et les hydrates de carbone.

Quelles sont les meilleures poudres de protéines ?

Les sources de protéines isolées comprennent des combinaisons d'œufs et de lait. Pour les végétariens, les poudres de protéines de soja isolées sont parfaites. Les poudres de protéines sont disponibles dans la plupart des magasins de produits diététiques. Elles peuvent être ajoutées à n'importe quel plat riche en hydrates de carbone, comme les flocons d'avoine, pour qu'ils soient plus favorables hormonalement. On peut aussi les ajouter aux farines et aux préparations (pour les crêpes, les cookies, etc.) afin de renforcer leur contenu en protéines.

Quel impact auront les différents modes de cuisson sur la qualité des macro et micro-nutriments ?

La cuisson a peu d'effets sur les macro-nutriments (à part qu'un excès de chaleur peut endommager les protéines et les mélanger aux hydrates de carbone). Toutefois, la cuisson peut avoir un effet très négatif sur les micro-nutriments (vitamines et minéraux). Les vitamines sont extraordinairement sensibles à la chaleur. En outre, les minéraux peuvent quitter les aliments lorsqu'ils sont cuits dans l'eau. C'est pourquoi la cuisson des légumes à la vapeur est un moyen idéal de conserver les micro-nutriments tout en rendant les légumes plus digestes. Les fruits sont généralement consommés crus, conservant tous leurs micro-nutriments. Plus les hydrates de carbone sont transformés ou cuits plus leur rapidité de pénétration dans le sang augmente. C'est pourquoi les formes « instantanées » d'hydrates de carbone, comme le riz express ou les pommes de terre minute doivent être évitées.

Dois-je manger mon repas ou ma collation même si je n'ai pas faim ?

Oui. C'est même le meilleur moment pour manger afin de maintenir l'équilibre de l'insuline d'un repas à l'autre. Si vous raisonnez en termes d'hormones, vous devez maintenir l'insuline dans une zone idéale en mangeant toutes les cinq heures et en contrôlant l'arrivée des protéines et des hydrates de carbone de façon harmonieuse tout au long de la journée.

Est-ce que ce régime réparera les dégâts subits par mon corps au fil des ans ?

Le corps possède une étonnante capacité de récupération, à condition qu'on lui fournisse les bons outils. Le meilleur de ces outils est le régime alimentaire, surtout si celui-ci orchestre les réactions hormonales souhaitées afin d'accélérer le processus de récupération.

Pourquoi est-ce que je ne compte pas toutes les protéines, les hydrates de carbone et les lipides de tout ce que je mange ?

Parce que vous auriez besoin d'un ordinateur pour faire tous ces calculs. C'est pourquoi je conseille la méthode de l'œil et de la paume pour équilibrer votre assiette. Si vous voulez plus de précision, vous pouvez utiliser la méthode 1-2-3 ou celle des blocs.

Est-ce qu'un repas liquide respectant le ratio correct m'apportera l'Équilibre ?

Un repas liquide possède un bien plus large champ d'action que la nourriture solide. Par conséquent, la digestion et le taux de pénétration des macro-nutriments dans le sang ne peuvent être contrôlés avec autant de précision, et il y a donc une baisse consécutive du contrôle hormonal souhaité. Les repas liquides sont plus pratiques mais ne sont pas aussi recommandés sur le plan hormonal que la nourriture solide. Ils peuvent être utilisés de temps à autre si vous n'avez vraiment pas le temps de cuisiner : mieux vaut y avoir recours que de sauter un repas ou une collation.

Est-ce que les enfants peuvent suivre le régime de l'Équilibre ?

Ce régime est idéal pour les enfants parce qu'ils ont besoin d'être en Équilibre plus encore que les adultes. Un préadolescent moyen (garçon ou fille) a besoin d'environ 15 g de protéines par repas, avec la quantité correspondante d'hydrates de carbone et de lipides. Après la puberté, les enfants devraient manger les mêmes quantités qu'un adulte. Aux parents de faire le plus difficile : convaincre leur progéniture de manger des fruits et des légumes plutôt que du pain et des pâtes.

Qu'est-ce qui me garantit que dans deux ans, je ne m'apercevrai pas que le régime de l'Équilibre est comme tous les autres régimes qui, au début, donnent des résultats excellents ?

D'abord, le régime de l'Équilibre, je l'ai dit, est plus qu'un régime, c'est un programme durable de contrôle des hormones qui vous permet de tirer un maximum de votre potentiel génétique. Ensuite, le régime de l'Équilibre est connu depuis cinq ans et les recherches les plus récentes ont confirmé tout ce que j'affirme depuis la publication de *The Zone* aux États-Unis. Plus important encore, le système hormonal sur lequel le régime de l'Équilibre se fonde a évolué sur 40 millions d'années et est peu susceptible de changer bientôt. Beaucoup de régimes sont basés sur la voracité et l'extrémisme. Soit on vous laisse manger autant d'hydrates de carbone que vous voulez, soit ce sont les protéines ou les lipides, et aucun ne s'inquiète des quantités consommées. Mon régime se fonde sur l'équilibre (entre les protéines et les hydrates de carbone) et sur la modération (en termes de calories), avec des limites sur les quantités de protéines, d'hydrates de carbone et de lipides consommées à chaque repas.

Et si je fais une erreur ou sors des rails ?

Ne vous inquiétez pas, vous ne serez que temporairement privé d'Équilibre et vous pourrez le retrouver dès le repas ou la collation suivants. La vie en Équilibre ignore la culpabilité.

Je suis actuellement un traitement. En quoi cela va-t-il affecter le régime de l'Équilibre ?

Tout changement de régime alimentaire (en bien ou en mal) affectera le métabolisme des médicaments que vous prenez. Consultez toujours votre médecin avant de commencer le régime de l'Équilibre ou tout autre programme diététique. En outre, de nombreux traitements ont tendance à augmenter le taux d'insuline, ce qui contrarie les effets du régime même si vous le suivez très rigoureusement. Voyez si votre médecin peut éventuellement vous prescrire des médicaments qui n'auront pas cette influence néfaste sur le taux d'insuline. Toutefois, ne changez jamais la posologie et n'interrompez jamais un traitement sans en parler d'abord à votre médecin.

Je n'ai pas fait de sport depuis des années. Est-ce que je devrais m'y remettre ?

Comme vous n'êtes pas fatigué ou apathique lorsque vous suivez le régime de l'Équilibre, vous serez probablement tenté de refaire de l'exercice pour la première fois depuis longtemps. Même si ce n'est pas aussi déterminant que le régime, l'exercice joue un rôle significatif dans le contrôle de l'insuline. La meilleure forme d'exercice est celle que vous pratiquerez régulièrement. Si vous n'avez pas fait de sport depuis longtemps, commencez par marcher 30 minutes par jour. À mesure que votre endurance augmente, vous pouvez augmenter l'intensité et même ajouter une forme d'entraînement avec des poids dans votre programme. Ne pensez jamais que le fait de faire plus d'exercice va compenser les problèmes liés à un mauvais régime alimentaire. Je cite toujours la règle des 80/20 : 80 % de votre capacité à contrôler l'insuline vient de votre régime, et 20 % de l'exercice.

Je fais de l'exercice régulièrement et de façon inten-sive. Comment puis-je optimiser mon programme d'en-traînement afin d'en tirer le maximum sur le plan hormonal ?

Que vous fassiez de l'exercice avec des poids ou en aérobie, prenez une collation en Équilibre 30 minutes avant votre séance. Cela mettra en place la scène hormonale pour que soit déclenchée en priorité la consommation de la graisse corporelle dès que votre effort commence. Prenez une autre collation dans les 30 minutes qui suivent la fin de la séance et un repas en Équilibre pas plus de 2 heures après. Plus important encore : n'oubliez pas votre collation de fin de soirée.

J'ai du mal à faire la différence entre les protéines et les hydrates de carbone. Est-ce qu'il y a une règle simple qui pourrait m'aider lorsque je fais mes courses ?

Voici une règle simple pour faire la distinction entre les protéines et les hydrates de carbone : les protéines se déplacent sur le sol, dans l'eau ou dans l'air et les hydrates de carbone en sortent sous la forme de grains (pâtes, pain, céréales) et de légumes et de fruits. Lorsque vous faites vos courses, essayez toujours de rester à la périphérie du supermarché. C'est là que vous trouverez les fruits et les légumes, le rayon traiteur et la viande. Dans les allées centrales se trouvent tous les hydrates de carbone en paquets, le plus sûr moyen d'augmenter l'insuline et de vous faire perdre l'Équilibre.

À partir du moment où je respecte à chaque repas ou collation le ratio protéines/hydrates de carbone, ne suis-je pas libre de manger ce que bon me semble ?

Toutes les calories superflues ne pouvant être utilisées immédiatement par votre corps seront stockées sous forme de graisse, même si le repas est parfaitement équilibré, et ces calories superflues feront également augmenter le taux d'insuline. Les femmes devraient consommer environ 300 calories par repas, et les hommes 400.

À propos des graisses

Quel est l'intérêt d'ajouter de la graisse ?

Paradoxalement, il faut de la graisse pour brûler la graisse, surtout si la source de graisse est mono-insaturée. Souvenez-vous : le régime de l'Équilibre n'est pas une excuse pour manger gras, mais il est nécessaire de réintroduire des quantités raisonnables de graisse à chaque repas. D'abord, la graisse mono-insaturée n'affecte pas l'insuline et agit ainsi comme une manette de contrôle pour ralentir l'entrée des hydrates de carbone dans le sang, réduisant ainsi la réaction insulinique. Ensuite, elle libère une hormone (le cholecystokinin, ou CKK) dans l'estomac qui commande au cerveau de cesser de manger. Enfin, elle donne meilleur goût à la nourriture. L'essentiel de votre consommation de graisse doit consister en graisse mono-insaturée, et la quantité de graisse est dictée par la quantité de protéines que vous consommez à chaque repas.

Est-ce que je risque de trop maigrir ?

Évidemment, c'est une possibilité. Une fois que vous avez atteint un poids et une apparence qui vous conviennent, et que vous souhaitez stabiliser votre poids, augmentez simplement les quantités de graisses mono-insaturées. Dans la mesure où vous avez toujours mangé comme si vous étiez à votre poids idéal, le contenu en protéines et en hydrates de carbone de votre régime ne change pas. C'est pourquoi, pour éviter une future perte de poids, vous devez ajouter de la graisse, de préférence mono-insaturée, en guise de garde-fou calorique qui empêchera une perte de graisse supplémentaire. Ce surplus de graisse mono-insaturée fournit des calories supplémentaires afin de maintenir votre poids idéal sans affecter le taux d'insuline. De nombreux athlètes de haut niveau suivant le régime de l'Équilibre consomment plus de 50 % de leurs calories quotidiennes sous forme de graisse.

Quelles sont les meilleures sources d'oméga 3 ?

Ce sont les poissons gras des mers froides, comme le saumon, le maquereau et les sardines. Mais le thon, l'espadon, les noix de Saint-Jacques, les crevettes et la langouste fournissent aussi un bon apport en oméga 3. Il faut consommer environ 10 g d'oméga 3 par semaine. Une cuillerée à café d'huile de poisson raffinée en contient à peu près 1 g. Souvenez-vous : votre grand-mère vous donnait une cuillerée à soupe d'huile de foie de morue par jour. Eh bien, cela fournissait environ 3 g d'oméga 3 ; soit 20 g par semaine.

Je suis végétarien et ne peux donc utiliser d'huile de poisson. Par quoi puis-je compenser ?

Il existe une nouvelle génération d'huile issue des algues riches en oméga 3. Cela permet aux végétariens de consommer les quantités indispensables de ces graisses.

Ajustement

Comment puis-je régler mon carburateur hormonal ?

Tout le monde n'est pas identique sur le plan génétique. Le bon fonctionnement de votre carburateur hormonal repose sur l'équilibre entre protéines et hydrates de carbone afin d'engendrer la meilleure réaction hormonale possible. Cette réaction hormonale est facile à mesurer : demandez-vous simplement comment vous vous sentez quatre à six heures après un repas. Si vous conservez une clarté mentale excellente et ne ressentez aucune faim, alors l'équilibre entre les protéines et les hydrates de carbone de votre dernier repas était idéal pour votre biochimie. Votre but est de concevoir tous vos repas selon ce même ratio afin de déclencher la même réaction hormonale. Pour la grande majorité des gens, ce ratio est de 2 g de protéines maigres pour 3 g d'hydrates de carbone. Ainsi, la façon la plus efficace de régler votre carburateur est de commencer avec ce ratio puis de modifier légèrement dans un sens ou dans l'autre pour déterminer vos limites en considérant l'absence de faim et l'acuité intellectuelle comme les paramètres à optimiser.

Je croyais que la graisse était la grande ennemie...

La graisse n'a pas d'effet direct sur l'insuline. Toutefois, les graisses mono-insaturées, comme l'huile d'olive, jouent un rôle essentiel dans le contrôle de l'insuline en ralentissant le taux de pénétration des hydrates de carbone dans le sang. L'efficacité avec laquelle on contrôle ce taux détermine l'efficacité avec laquelle on contrôle l'insuline et, par conséquent, comment le corps se porte pendant les quatre ou six heures qui suivent le repas.

J'ai des problèmes de constipation. Que dois-je faire ?

Le régime de l'Équilibre donnera à votre organisme un métabolisme qui brûle les graisses au lieu de brûler les hydrates de carbone. Le métabolisme des graisses exige de plus grandes quantités d'eau quotidiennes. C'est pourquoi la première étape consiste à augmenter l'absorption d'eau de 50 %. Si cela ne suffit pas à réduire la constipation, alors vous libérez probablement un type particulier de graisse stockée dans vos cellules graisseuses et connue sous le nom d'acide arachidonique. Pour environ 25 % de la population, il y aura une telle sécrétion transitoire d'acide arachidonique. L'augmentation de cet acide est une conséquence de vos anciens schémas alimentaires. Cette augmentation provisoire peut engendrer une constipation en réduisant le flux d'eau dans le côlon. Ajouter davantage de graisses oméga 3 à votre régime minimisera cet effet transitoire. Durant la première semaine en Équilibre, je recommande de prendre 6 g supplémentaires d'huile purifiée de poisson par jour.

Comment dois-je modifier ce régime si je suis enceinte ou si j'allaite ?

Si vous êtes enceinte ou si vous allaitez, vous avez tout intérêt à utiliser le régime de l'Équilibre pour garantir une bonne consommation de protéines. Les femmes enceintes augmenteront leur consommation de protéines de 10 g par repas, avec une augmentation proportionnelle des hydrates de carbone et des lipides. En fait, elles doivent consommer ce que les hommes standards consomment. Les mères qui allaitent ajouteront encore 5 g de protéines et les quantités correspondantes d'hydrates de carbone et de lipides.

Est-ce que je peux diminuer ma consommation de graisse si je respecte l'équilibre entre les protéines et les hydrates de carbone ?

Vous le pouvez mais contre toute attente, vous perdrez moins de graisse. La petite quantité de graisse ajoutée agit comme une manette de contrôle pour réduire le taux de pénétration des hydrates de carbone dans le sang, réduisant ainsi la sécrétion d'insuline. En réduisant votre insuline, vous pouvez puiser dans vos réserves de graisse plus efficacement. Par ailleurs, la graisse engendre la libération de l'hormone cholecystokinin (CKK) qui produit la sensation de satiété entre les repas. Bien sûr, toute graisse ajoutée à votre régime doit être en priorité mono-insaturée, comme l'huile d'olive, le guacamole, les amandes, ou les noix de pécan.

Je n'ai pas perdu de poids. Quelle erreur ai-je commise ?

Souvent, votre poids sur la balance ne changera pas bien que vous perdiez de la graisse. C'est parce que vous gagnez probablement une nouvelle masse corporelle sèche. Le résultat, c'est que votre poids est constant, mais que la composition de votre corps change. Vous vous en rendrez compte à vos vêtements qui tombent mieux.

CHAPITRE 14

POURQUOI LES RÉGIMES HYPER-PROTÉINÉS NE MARCHENT PAS

Les régimes hyper-protéinés sont à nouveau en vogue aux États-Unis. Consommez autant de protéines que vous voulez, vous dit-on, mais pas d'hydrates de carbone. Quant à la graisse saturée, mangez-en autant que vous le souhaitez. Cela vous paraît trop beau pour être vrai ? Eh bien ça l'est. Tandis que l'Amérique devient de plus en plus grasse, nombre de mes compatriotes se tournent en désespoir de cause vers ces régimes extrêmement déséquilibrés dans le but de perdre du poids rapidement. Malheureusement, le « miracle » ne dure qu'un temps.

Tout d'abord, je tiens à préciser une fois de plus que le régime de l'Équilibre *n'est pas* un régime hyper-protéiné bien qu'il soit fréquemment décrit comme tel par la presse populaire. Sous le régime de l'Équilibre, vous ne mangez jamais plus de 90 à 120 g de protéines maigres par repas. C'est exactement ce que recommandent tous les nutritionnistes.

En outre, avec le régime de l'Équilibre, vous mangez toujours plus d'hydrates de carbone que de protéines. Donc, si le régime de l'Équilibre n'est pas un régime hyper-protéiné, qu'est-ce que c'est exactement qu'un régime hyper-protéiné et, plus important, pourquoi ce type de régime ne tient-il pas ses promesses ?

Les régimes hyper-protéinés existent depuis plus de 30 ans. Des millions de gens les ont essayés et ont perdu du poids. Ces mêmes millions de gens ont tous fini par reprendre les kilos perdus et souvent davantage. Je suis profondément opposé à ces régimes car j'estime qu'ils sont mauvais pour la santé et dangereux. Laissez-moi vous expliquer pourquoi.

Ces régimes recommandent de manger des quantités quasiment illimitées de protéines et de lipides avec pratiquement aucun glucide. En l'absence d'un minimum d'apport glucidique, le corps se retrouve vite dans un état métabolique anormal appelé cétose. Cet état survient lorsqu'il n'y a pas assez d'hydrates de carbone pour métaboliser entièrement la graisse ; les déchets (les « corps cétosiques ») commencent alors à s'accumuler dans le sang. En outre, lorsqu'il manque d'hydrates de carbone, votre cerveau ne peut fonctionner correctement. Pour cette seule raison, de nombreuses personnes suivant un régime hyper-protéiné se sentent affaiblies et irritables – ce qui indique clairement que le cerveau manque d'hydrates de carbone.

En termes de perte de poids, ces régimes hyper-protéinés, de prime abord, semblent efficaces. Presque tous ceux qui s'y essaient perdent du poids au début. Mais la perte de poids n'est pas synonyme de perte de graisse. Elle associe perte d'eau, de muscle, et de graisse. Or votre objectif est de vous assurer que la quasi-totalité de votre perte de poids correspond à une perte de graisse. Ce qui explique la perte de poids rapide constatée avec les régimes hyper-protéinés, c'est que votre corps fait des heures supplémentaires pour éliminer tous les « corps cétosiques » présents dans votre système. Il parvient à ce résultat en augmentant la quantité d'urine, ce qui provoque la perte d'eau. Cette perte d'eau se traduira par une perte de poids, mais vous fera du même coup perdre des « électrolytes » importants comme le potassium. Cela peut créer l'illusion d'une réussite et, ce qui est plus grave, conduire à des problèmes cardiaques potentiellement dangereux. Plus déterminant encore : il a été prouvé cliniquement que la perte de poids et la perte de graisse sont les mêmes après six semaines de régime hyper-protéiné ou de régime de l'Équilibre. Alors pourquoi risquer des problèmes cardiaques potentiels à court terme pour une perte de graisse équivalente à celle qu'engendre le régime de l'Équilibre ?

Après toute période prolongée, les régimes hyper-protéinés ne donnent plus de résultats. À mesure que vous continuez à suivre le régime et à entraîner votre corps dans la cétose, des changements insidieux surviennent. D'abord, vos cellules graisseuses commencent à s'adapter, devenant de véritables « aimants à graisse ». Cela signifie que lorsque vous abandonnerez ce régime, vous accumulerez de la graisse corporelle à une vitesse effrayante. Ensuite, votre cerveau a besoin d'un certain taux de sucre dans le sang pour des performances optimales ; or ce taux n'est plus assuré par les hydrates de carbone. Le cerveau commande alors au corps de démanteler les protéines dans la masse musculaire existante pour les transformer en glucose et y puiser de l'énergie. C'est pourquoi les gens qui restent longtemps sous un régime hyper-protéiné ont ce visage émacié et perdent leurs cheveux. C'est en fait là que le corps puise des protéines pour fabriquer le glucose nécessaire au cerveau. Enfin, vous consommez beaucoup trop de graisses saturées. Non seulement cela vous expose davantage aux maladies cardiovasculaires, mais cela rend vos cellules moins réactives face à l'insuline. Cela oblige ensuite le corps à fabriquer plus d'insuline, ce qui vous a rendu gras au départ. Enfin, de nouvelles preuves indiquent que la cétose durable conduit à une oxydation accrue des graisses, un facteur important dans le développement de maladies cardiovasculaires. Telles sont les raisons biochimiques qui expliquent que les régimes hyper-protéinés ne marchent pas, et que des millions de gens qui avaient perdu du poids grâce à eux le reprennent et même davantage tout en risquant leur santé cardiovasculaire. Il en est ainsi depuis 30 ans, et il y aura hélas toujours des gens pour se laisser séduire par le miroir aux alouettes que constituent les régimes hyper-protéinés.

Afin d'illustrer mieux encore les différences entre le régime de l'Équilibre et un régime hyper-protéiné, examinons donc une journée type de l'un et de l'autre pour un homme.

Il apparaît clairement qu'on ne peut prendre le régime de l'Équilibre pour un régime hyper-protéiné. Lorsqu'on suit un régime hyper-protéiné, on mange beaucoup plus de protéines que d'hydrates de carbone. Avec le régime de l'Équilibre, vous mangez plus d'hydrates de carbone que de protéines. Avec un régime hyper-protéiné, vous mangez de grandes quantités de graisses, dont une grande part est saturée. Avec le régime de l'Équilibre, vous mangez des quantités limitées de graisses (même si vous en incorporez à chaque repas) et l'essentiel de cette graisse est mono-insaturée.

Cela ne signifie pas, toutefois, que le régime de l'Équilibre est un régime hyper-glucidique. La plupart de ces régimes vous permettent de manger tous vos hydrates de carbone favoris, alors que celui de l'Équilibre les traite comme des condiments. Maintenant que vous possédez des notions de base sur les hormones, voyons ce qui, sur ce plan, différencie le régime de l'Équilibre des régimes hyper-protéinés ou hyper-glucidiques.

Régimes hyper-glucidiques

Mantra diététique : « Mangez tous les hydrates de carbone que vous voulez, mais ne mangez pas de lipides. »

Effet hormonal : taux d'insuline augmenté.

Conséquences : accumulation accrue de graisse ; sautes d'humeur, perte de force ; envie de sucre ; faim permanente, probabilité accrue de maladie cardiaque, diabète de type 2 et cancer ; accélération du processus de vieillissement.

Régimes hyper-protéinés

Mantra diététique : « Mangez toutes les protéines que vous voulez, mais pas d'hydrates de carbone. »

Effet hormonal : taux de glucagon accru.

Conséquences : cétose, glycémie basse, irritabilité, adaptation des cellules graisseuses qui deviennent des « aimants à graisse » ; oxydation accrue des lipides, perte de masse musculaire, risque accru de maladie cardiaque si le régime se poursuit longtemps, et accélération du processus de vieillissement.

Le régime de l'Équilibre

Mantra diététique : « Équilibre et modération. »

Effet hormonal : maintien de l'insuline dans une zone idéale en équilibrant l'insuline et le glucagon.

Conséquences : perte de l'excès de graisse corporelle ; meilleur contrôle de la glycémie, augmentation de l'énergie intellectuelle et physique ; humeur égale ; risque plus faible de maladie cardiaque, de diabète de type 2, de cancer ; ralentissement du processus de vieillissement.

CHAPITRE 15

VALIDATION SCIENTIFIQUE DU RÉGIME DE L'ÉQUILIBRE

Le régime de l'Équilibre demeure l'un des concepts nutritionnels les plus mal compris, en dépit de sa simplicité. Vous le savez désormais, il consiste à maintenir diverses hormones sécrétées par la composition en macro-nutriments (protéines, hydrates de carbone et lipides) de chaque repas dans une zone précise et idéale : ni trop élevée, ni trop basse.

Il recommande tout bêtement les quantités appropriées de protéines maigres associées à beaucoup de légumes et de fruits, ainsi qu'à un soupçon de graisse mono-insaturée. Pourquoi, dès lors, est-il si controversé ? En effet, à en croire l'establishment de la nutrition américaine, le régime de l'Équilibre serait une folie médicalement dangereuse et nutritionnellement aberrante.

Je pense que la controverse entourant ce régime repose sur deux facteurs. D'abord, il oblige à envisager les conséquences hormonales d'un repas, et en particulier, le moyen de maintenir l'insuline dans une certaine zone. C'est un concept totalement nouveau pour la quasi-totalité des nutritionnistes. Ensuite, le régime de l'Équilibre se fonde sur les dernières avancées de la recherche médicale, que beaucoup de contempteurs semblent ignorer totalement.

Récemment, un certain nombre d'études indépendantes ont été publiées qui valident le pouvoir du régime de l'Équilibre. En voici quelques exemples.

1. Le signe précurseur n° 1 d'une maladie cardiaque est l'augmentation de l'insuline. Les études prospectives menées sur des individus que rien ne prédisposait à une maladie cardiaque ont montré que l'augmentation de l'insuline annonce la maladie cardiaque bien plus sûrement que ne le fait le cholestérol. En fait, l'augmentation de l'insuline augmente le risque de faire une crise cardiaque 5,5 fois, alors qu'un « mauvais » cholestérol (LDL) en hausse, n'augmente ce risque que de 2,4 fois. Une autre étude prospective a aussi montré que le seul paramètre sanguin associé à l'augmentation des crises cardiaques est le taux d'insuline en hausse. Une troisième étude, de la *Harvard Medical School*, a montré qu'un ratio augmenté de triglycérides par rapport au cholestérol HDL (un marqueur indirect de l'augmentation du taux d'insuline) multiplie la probabilité de crise cardiaque par 16. C'est pourquoi tout programme diététique, comme celui de l'Équilibre, qui maîtrise l'insuline diminuera le risque de crise cardiaque.

2. Plus on mange de protéines (sans dépasser les proportions idéales), moins on a de maladie cardiaque.

Des études à long terme récentes de la *Harvard Medical School* montrent que lorsque le ratio protéines/hydrates de carbone atteint le niveau recommandé dans le régime de l'Équilibre, il y a une baisse de 26 % du risque de maladie cardiaque. Le groupe qui comptait le moins de cas de maladies cardiaques suivait un régime qui fournissait un ratio protéines/hydrates de carbone de 0,7 ; exactement celui que préconise le régime de l'Équilibre.

3. Plus on mange de protéines, moins on fait de fracture de la hanche. Une nouvelle étude menée sur les femmes ménopausées a montré que, chez celles qui consommaient plus de protéines animales, le nombre de fractures de la hanche diminuait de 70 %.

4. Le médicament le plus puissant pour prévenir la crise cardiaque n'est ni l'aspirine, ni les produits faisant baisser le taux de cholestérol mais le régime alimentaire. La *Lyon Diet Heart Study* montre qu'une réduction de 70 % des crises cardiaques fatales ou non pourrait être obtenue simplement en consommant plus de graisses oméga 3 et plus de fruits. Cette baisse de la mortalité cardiovasculaire et globale grâce au régime « Lyon » est bien plus importante que celle obtenue en prenant de l'aspirine ou un autre médicament contre le cholestérol. Le régime de l'Équilibre est semblable à celui utilisé dans cette étude, sauf que celui de l'Équilibre encourage davantage encore à manger de plus grandes quantités de légumes et de fruits et à augmenter la consommation d'oméga 3.

5. L'augmentation des protéines maigres favorise la survie à un cancer du sein et la baisse de la tension. Dans la mesure où vous réduisez la consommation de viande rouge grasse (qui est riche en acide arachidonique), plus vous absorbez de protéines et plus vous avez de chances de survivre à un cancer du sein. De même, plus vous consommez de protéines, plus votre tension baissera.

6. On perd de la graisse plus vite avec le régime de l'Équilibre. En fait, la perte de graisse est presque deux fois plus importante avec le régime de l'Équilibre qu'avec un régime hyper-glucidique alors que ces deux régimes imposent le même nombre de calories et la même quantité de graisse. Cette étude démontre de façon irréfutable qu'une calorie n'est pas une calorie lorsqu'il s'agit de perdre de la graisse.

7. Le régime de l'Équilibre peut déclencher des changements hormonaux importants en un seul repas. Cette recherche a été conduite à la *Harvard Medical School* sur des adolescents souffrant d'obésité. Le régime de l'Équilibre a engendré un profil hormonal totalement différent de celui que produisait un repas normal même si les deux contenaient le même nombre de calories. En outre, après avoir mangé un repas en Équilibre, le nombre de calories consommées au repas suivant était bien moins important, montrant que le régime de l'Équilibre permet un contrôle de la faim plus efficace que toutes autres combinaisons de macronutriments contenant le même nombre de calories.

8. Le régime de l'Équilibre peut réduire l'excès d'insuline avant que ne se produise la moindre perte de graisse. Cela répond à la question de l'œuf et de la poule : qu'est-ce qui vient en premier, l'augmentation de l'insuline ou l'augmentation de la graisse corporelle ? On sait depuis un certain temps que le taux d'insuline peut augmenter avant qu'il y ait accumulation de graisse corporelle. Toutefois, cette étude montre que le taux d'insuline accru baisse avant la perte de graisse, montrant que c'est l'excès d'insuline qui provoque l'accumulation de la graisse corporelle.

9. Le régime de l'Équilibre peut modifier votre code génétique. On sait depuis plus de 60 ans que les régimes à calories réduites augmentent la longévité. Récemment, on a montré que les programmes limitant les calories peuvent aussi modifier l'expression du code génétique. Parce qu'il limite les calories, le régime de l'Équilibre freine le processus de vieillissement, mais sans faim, privation, ou fatigue, puisque le taux de glycémie est correctement maintenu.

Je m'étonne de constater à quel point les médias ignorent encore les données scientifiques qui sous-tendent le régime de l'Équilibre. Si celui-ci était bien compris, il devrait être le plus largement recommandé. Mais quelle que soit la raison de cette incompréhension, vous-même avez le pouvoir de décider quel type de régime vous voulez suivre pour le restant de vos jours. J'espère que ce livre vous aura convaincu d'opter définitivement pour l'Équilibre.

1. Les choix alimentaires de l'Équilibre

La méthode 1-2-3

Préparer des repas en Équilibre exige de maîtriser les choix alimentaires pour un bénéfice hormonal optimal. Il n'y a rien d'interdit dans le régime de l'Équilibre tant que vous maintenez le bon rapport entre protéines et hydrates de carbone à chaque repas. Toutefois, certains choix seront beaucoup plus souhaitables que d'autres pour une stabilisation maximale de l'insuline.

Si vous utilisez la méthode « 1-2-3 » pour préparer des repas en Équilibre, tout ce que vous avez à faire, c'est équilibrer le nombre de grammes de graisse, de protéines et d'hydrates de carbone à chaque repas. Pour une femme, cela signifie consommer environ 10 g de lipides, 20 g de protéines, et 30 g d'hydrates de carbone à chaque repas. Pour un homme, cela implique d'absorber environ 15 g de lipides, 30 g de protéines, et 45 g d'hydrates de carbone à chaque repas. **Ces chiffres ne sont pas figés**. Vous pouvez être amené à procéder à des ajustements en fonction de votre propre organisme, mais ils vous donneront un bon point de départ.

Commencez par les protéines

Je n'insisterai jamais assez sur le fait que chaque repas et en-cas doit contenir la quantité adéquate de protéines, puisque c'est cela qui va déterminer la quantité d'hydrates de carbone que vous pouvez absorber sans provoquer une hypersécrétion d'insuline. Dans la liste ci-dessous : le nombre de diverses portions de protéines qui contiennent 10 g de protéines. Une femme aura besoin de 2 portions de 10 g (20 g de protéines) à chaque repas et un homme aura besoin de 3 portions de 10 g (30 g de protéines) à chaque repas.

Sources de protéines maigres

Viande et volaille

Bœuf	45 g
Blanc de poulet sans peau	45 g
Blanc de poulet en tranches	60 g
Blanc de dinde sans peau	45 g
Blanc de dinde en tranches	60 g
Dinde hachée	60 g
Jambon maigre	45 g
Poitrine de dinde	4 tranches

Poisson et fruits de mer

Bar	45 g
Perche (de mer)	60 g
Calamar	60 g
Cabillaud	60 g
Palourdes	60 g
Chair de crabe	60 g
Haddock	60 g
Homard	60 g
Maquereau	60 g
Saumon	60 g
Sardines	45 g
Noix de Saint-Jacques	60 g
Rouget	60 g
Truite	60 g
Thon (steak)	45 g
Thon (en boîte au naturel)	45 g

Œufs et laitages

Blanc d'œufs	3 œufs
Œuf	1 œuf
Substitut d'œufs	1/3 de tasse
Fromage blanc maigre	1/3 de tasse
Fromage allégé	45 g
Fromage maigre	45 g

Végétarien

Poudre de protéines	10 g
Miettes de hamburger de soja	1/2 tasse
Jambon de soja	5 tranches

Saucisse de soja surgelée	1 saucisse 1/2
Hamburger de soja	2/3 du hamburger
Hot-dog de soja	1 saucisse 1/2
Tofu extra-ferme	90 g
Tofu ferme	120 g
Tofu tendre	180 g

Hydrates de carbone

Une fois fixée votre portion de protéines pour un repas, vous devez l'équilibrer avec les hydrates de carbone. Chaque quantité dans la liste de portions ci-dessous contient 10 g d'hydrates de carbone. Gardez à l'esprit qu'il y a des hydrates de carbone favorables et défavorables. Les hydrates de carbone favorables sont ceux qui auront le moins d'impact sur la sécrétion d'insuline, alors que les hydrates de carbone défavorables auront un impact sensiblement plus important même s'ils contiennent le même nombre de grammes d'hydrates de carbone. Par conséquent, utilisez les hydrates de carbone défavorables le moins possible.

Une femme aura besoin de trois portions de 10 g d'hydrates de carbone à chaque repas, tandis qu'un homme aura besoin d'environ 4 portions de 10 g d'hydrates de carbone. Mélangez et associez les hydrates de carbone si vous le souhaitez, à condition que vous consommiez le nombre approprié de portions de 10 g.

Hydrates de carbone favorables (à utiliser en priorité)

Légumes cuits

Artichauts	4 gros
Cœurs d'artichauts	1 tasse
Asperges	12
Haricots verts	1 tasse 1/2
Flageolets	1/4 de tasse
Chou chinois	3 tasses
Brocolis	3 tasses
Choux de Bruxelles	1 tasse 1/2
Chou (rouge ou vert)	3 tasses
Chou-fleur	4 tasses
Pois chiches	1/4 de tasse
Aubergines	1 tasse 1/2
Chou frisé	2 tasses
Haricots rouges	1/4 de tasse
Poireaux	1 tasse
Lentilles	1/4 de tasse
Champignons entiers bouillis (tous types)	2 tasses
Oignons (tous types), coupés, bouillis	1/2 tasse
Choucroute	1 tasse
Courge jaune, tranchée et bouillie	2 tasses
Épinards	3 tasses 1/2
Blettes	2 tasses 1/2
Tomates en boîte, coupées	1 tasse
Tomate en purée	1/2 tasse
Sauce tomate	1/2 tasse

Navet écrasé	1 tasse 1/2
Courgettes	2 tasses

Crudités

Pousses de luzerne	10 tasses
Pousses de bambou	4 tasses
Pousses de haricot	3 tasses
Haricots verts	2 tasses
Poivrons (rouges ou jaunes)	2
Brocolis	4 tasses
Choux de Bruxelles	1 tasse 1/2
Chou râpé	4 tasses
Chou-fleur	4 tasses
Céleri tranché	2 tasses
Pois chiches	1/4 de tasse
Concombre (moyen)	1 tasse 1/2
Endives coupées	10 tasses
Scarole coupée	10 tasses
Salade Iceberg	2 têtes
Romaine en morceaux	10 tasses
Champignons coupés	4 tasses
Oignons coupés	1 tasse 1/2
Radis émincés	4 tasses
Oignons verts	3 tasses
Échalote en dés	1 tasse 1/2
Haricots mange-tout	1 tasse 1/2
Épinards coupés	20 tasses
Tomates	2
Tomates cerises	2 tasses
Tomates coupées	1 tasse 1/2

Châtaignes	1/3 de tasse
Cresson	10 tasses

Fruits (frais, surgelés, ou en conserve allégés)

Pomme	1/2
Compote de pommes (sans sucre ajouté)	1/3 de tasse
Abricots	3
Mûres	3/4 de tasse
Myrtilles	1/2 tasse
Groseilles	1/2 tasse
Cerises	8
Cocktail de fruits en boîte au naturel	1/3 de tasse
Raisin	1/3 de tasse
Pamplemousse	1/2
Kiwi	1
Nectarine	1/2
Orange	1/2
Orange ou mandarine en boîte au naturel	1/3 de tasse
Pêche	1
Pêche en boîte au naturel	1/2 tasse
Poire	1/2
Ananas en tranches	1/2 tasse
Prune	1
Framboises	1 tasse
Fraises coupées	1 tasse

Céréales

Orge sec	1/2 cuill. à soupe
Avoine à cuisson lente (sèche)	15 g
Flocons d'avoine à cuisson lente (cuits)	1/3 de tasse

Hydrates de carbones défavorables (à utiliser avec modération)

Légumes cuits

Potiron	1/2 tasse
Haricots cuits au four	1/4 de tasse
Haricots sautés	1/4 de tasse
Betteraves tranchées	1/2 tasse
Carottes coupées	1 tasse
Maïs	1/4 de tasse
Frites	5
Flageolets	1/4 de tasse
Pois	1/2 tasse
Pomme de terre au four	1/4
Pomme de terre bouillie	1/3 de tasse
Pomme de terre écrasée	1/4 de tasse
Patate douce au four	1/3 de tasse

Fruits

Banane	1/3
Melon cantaloup	1/4 de melon
Compote d'airelles	3 cuill. à café
Dattes	2
Goyave	1/2 tasse
Melon d'Espagne en dés	2/3 de tasse
Kumquats	3
Mangue en tranches	1/3 de tasse
Papaye en dés	3/4 de tasse
Ananas en dés	1/2 tasse
Pruneaux séchés	2

Raisins secs	1 cuill. à soupe
Melon d'eau en dés	3/4 de tasse

Jus de fruits

Jus de pomme	1/3 de tasse
Cidre	1/3 de tasse
Jus d'airelles	1/4 de tasse
Punch aux fruits	1/4 de tasse
Jus de raisin	1/4 de tasse
Jus de pamplemousse	1/3 de tasse
Jus de citron	1/3 de tasse
Limonade sans sucre ajouté	1/3 de tasse
Jus de citron vert	1/3 de tasse
Jus d'orange	1/3 de tasse
Jus d'ananas	1/4 de tasse
Jus de tomate	1 tasse
Jus de légumes	3/4 de tasse

Céréales et pains

Blini (petit)	1/4
Pain au lait	1/2
Chapelure	15 g
Pain complet	1/2 tranche
Pain blanc	1/2 tranche
Petit pain dur	1 petit
Petit pain mou	1/2
Farine de sarrasin	15 g
Boulgour sec	15 g
Céréales pour petit déjeuner	15 g
Pain de maïs	1 morceau de 2 cm^2

Fécule de maïs	4 cuill. à café
Couscous sec	15 g
Cracker	1 et demi
Croissant ordinaire	1/4
Croûtons	15 g
Beignet nature	1/3
Muffin	1/2
Barre de céréales	15 g
Millet sec	15 g
Muffin aux myrtilles (mini)	1/2
Nouilles aux œufs (cuites)	1/4 de tasse
Pancake (10 cm de diamètre)	1
Pâtes cuites	1/4 de tasse
Pita	1/4 de pain
Pita (mini)	1/2 pain
Pop-corn (cuit)	2 tasses
Riz brun (cuit)	1/5 de tasse
Riz longs grains (cuit)	1/3 de tasse
Riz blanc (cuit)	1/5 de tasse
Petit pain (gros)	1/4
Petit pain (petit)	1/2
Pain pour hamburger	1/2
Tortilla de maïs (12 cm)	1
Tortilla de blé (16 cm)	1/2
Gaufre (petite)	1/2

Autres

Sucre brun	2 cuill. à café
Sucre cristallisé	2 cuill. à café
Sucre glace	1 cuill. à soupe
Sirop d'érable	2 cuill. à café

Sirop pour pancake	2 cuill. à café
Sauce de soja	1 cuill. à soupe
Chips de maïs	15 g

Alcool

Bière allégée	18 cl
Bière normale	12 cl
Alcools distillés	3 cl
Vin (rouge ou blanc secs)	12 cl

Ajoutez de la graisse

Maintenant que vous avez équilibré vos protéines et vos hydrates de carbone, vous devez ajouter de la graisse. Chacune des portions listées ci-dessous contient 5 g de graisse. Une femme aura besoin d'ajouter 2 portions de 5 g de graisse à chaque repas, alors qu'un homme aura besoin d'ajouter approximativement 3 portions de 5 g à chaque repas.

Les meilleures graisses (riches en acides gras mono-insaturés)

Amandes	6
Huile d'amande	2/3 de cuill. à café
Avocat	2 cuill. à soupe
Huile de Canola	2/3 de cuill. à café
Noix de cajou	6
Purée d'avocat	2 cuill. à soupe

Noix de pécan	2
Olives noires (moyennes)	12
Huile d'olive	2/3 de cuill. à café
Cacahuètes	12
Huile de cacahuète	2/3 de cuill. à café
Beurre de cacahuète naturel	1 cuill. à café
Pistaches	6
Huile de sésame	2/3 de cuill. à café

Préparer un repas en Équilibre est donc aussi facile que d'aller au restaurant chinois. Vous choisissez le nombre correct de grammes de protéines dans la colonne A (protéines), vous équilibrez avec le nombre correct de portions d'hydrates de carbone dans la colonne B (hydrates de carbone) et ajoutez le nombre correct de grammes de graisse dans la colonne C (graisses). Si vous élaborez vos repas ainsi pendant deux jours, vous réaliserez que la méthode de l'œil et de la paume pour équilibrer votre assiette donne à peu près le même résultat.

2. Choix alimentaires en Équilibre

La méthode des blocs d'aliments en Équilibre

Exactement comme avec l'approche « 1-2-3 », pour préparer des repas en Équilibre, vous pouvez utiliser la méthode des blocs. Pour cela, tout ce que vous avez à faire, c'est addition-ner le nombre de blocs (au lieu de grammes) de graisse, de protéines, et d'hydrates de carbone par repas. Pour une femme, cela signifie manger environ 3 blocs de protéines, trois d'hydrates de carbone, et trois de graisse à chaque repas. Pour un homme, cela implique de consommer environ 4 blocs de protéines, d'hydrates de carbone et de graisse à chaque repas. Là encore, permettez-moi d'insister sur le fait que ces chiffres ne sont pas figés. Il est possible que vous ayez besoin de les adapter à votre propre organisme, mais ils vous donneront un bon point de départ.

Commencez par les protéines

Je ne répéterai jamais assez que chaque repas et en-cas doit contenir la bonne quantité de protéines, car elle détermine la quantité de blocs d'hydrates de carbone que vous pouvez consommer sans provoquer une surproduction d'insuline. Listée ci-dessous, la quantité de divers types de protéines qui contiennent un bloc de protéines, ce qui équivaut à

7 grammes de protéines. Vous remarquerez que c'est une quantité légèrement différente de celle utilisée dans la méthode « 1-2-3 ».

Sources de protéines maigres

Viande et volaille

Bœuf (d'élevage ou industriel)	30 g
Jambon canadien maigre	30 g
Blanc de poulet sans peau	30 g
Jambon de poulet	45 g
Blanc de dinde sans peau	30 g
Jambon de dinde	45 g
Dinde hachée	45 g
Poitrine de dinde	3 morceaux

Poisson et fruits de mer

Bar	30 g
Perche (de mer)	45 g
Calamar	45 g
Cabillaud	45 g
Palourdes	45 g
Chair de crabe	45 g
Haddock	45 g
Langouste	45 g
Maquereau	45 g
Saumon	45 g
Sardines	30 g
Noix de Saint-Jacques	45 g

Rouget   45 g
Truite   45 g
Thon (steak)   30 g
Thon en boîte au naturel   30 g

Œufs et laitages

Blancs d'œufs   2
Œufs   1
Substitut d'œufs   1/4 de tasse
Fromage blanc maigre   1/4 de tasse
Fromage allégé   30 g
Fromage maigre   30 g

Végétarien

Poudre de protéines   7 g
Miettes de hamburger de soja   1/3 de tasse
Jambon de soja canadien   3 tranches
Saucisse de soja surgelée   1
Hamburger de soja   1/2
Hot-dog de soja   1
Tofu extra-ferme   60 g
Tofu ferme   90 g
Tofu tendre   120 g

Hydrates de carbone

Une fois que vous avez déterminé le nombre de blocs de protéines que vous envisagez de consommer pour un repas, vous devez l'équilibrer avec les hydrates de carbone. Chacun des blocs d'hydrates de carbone contient 9 g d'hydrates de carbone. Vous remarquerez que c'est une quantité légèrement différente de celle de la méthode « 1-2-3 ». Gardez à l'esprit qu'il existe des hydrates de carbone favorables et défavorables. Les hydrates de carbone favorables sont ceux qui auront le moins d'impact sur la sécrétion d'insuline, alors que les hydrates de carbone défavorables auront un impact nettement plus élevé même s'ils contiennent la même quantité en grammes d'hydrates de carbone. Par conséquent, utilisez les hydrates de carbone défavorables le moins possible.

Une femme aura besoin de 3 blocs d'hydrates de carbone à chaque repas, alors qu'un homme devra en consommer 4. Les quantités de portions suivantes représentent un bloc d'hydrates de carbone.

Hydrates de carbone favorables (à utiliser en priorité)

Légumes cuits

Artichauts	4 gros
Cœurs d'artichauts	1 tasse
Asperges	12
Haricots verts	1 tasse 1/2
Flageolets	1/4 de tasse

Chou chinois	3 tasses
Brocolis	3 tasses
Choux de Bruxelles	1 tasse 1/2
Chou (rouge ou vert)	3 tasses
Chou-fleur	4 tasses
Pois chiches	1/4 de tasse
Aubergines	1 tasse 1/2
Chou frisé	2 tasses
Haricots rouges	1/4 de tasse
Poireaux	1 tasse
Lentilles	1/4 de tasse
Champignons entiers bouillis (tous types)	2 tasses
Oignons (tous types), coupés, bouillis	1/2 tasse
Choucroute	1 tasse
Courge jaune, tranchée et bouillie	2 tasses
Épinards	3 tasses 1/2
Blettes	2 tasses 1/2
Tomates en boîte, coupées	1 tasse
Tomate en purée	1/2 tasse
Sauce tomate	1/2 tasse
Navet écrasé	1 tasse 1/2
Courgettes	2 tasses

Crudités

Pousses de luzerne	10 tasses
Pousses de bambou	4 tasses
Pousses de haricot	3 tasses
Haricots verts	2 tasses
Poivrons (rouges ou jaunes)	2
Brocolis	4 tasses

Choux de Bruxelles	1 tasse 1/2
Chou râpé	4 tasses
Chou-fleur	4 tasses
Céleri tranché	2 tasses
Pois chiches	1/4 de tasse
Concombre (moyen)	1 tasse 1/2
Endives coupées	10 tasses
Scarole coupée	10 tasses
Salade Iceberg	2 têtes
Romaine en morceaux	10 tasses
Champignons coupés	4 tasses
Oignons coupés	1 tasse 1/2
Radis émincés	4 tasses
Oignons verts	3 tasses
Échalote en dés	1 tasse 1/2
Haricots mange-tout	1 tasse 1/2
Épinards coupés	20 tasses
Tomates	2
Tomates cerises	2 tasses
Tomates coupées	1 tasse 1/2
Châtaignes	1/3 de tasse
Cresson	10 tasses

Fruits (frais, surgelés, ou en conserve sans sucre ajouté)

Pomme	1/2
Compote de pomme (sans sucre ajouté)	1/3 de tasse
Abricots	3
Mûres	3/4 de tasse
Myrtilles	1/2 tasse

Groseilles	1/2 tasse
Cerises	8
Cocktail de fruits en boîte au naturel	1/3 de tasse
Raisin	1/2 tasse
Pamplemousse	1/2
Kiwi	1
Nectarine	1/2
Orange	1/2
Orange ou mandarine en boîte au naturel	1/3 de tasse
Pêche	1
Pêche en boîte au naturel	1/2 tasse
Poire	1/2
Ananas en tranches	1/2 tasse
Prune	1
Framboises	1 tasse
Fraises coupées	1 tasse

Céréales

Orge sec	1/2 cuill. à soupe
Avoine à cuisson lente (sèche)	15 g
Flocons d'avoine à cuisson lente (cuit)	1/3 de tasse

Hydrates de carbones défavorables (à utiliser avec modération)

Légumes cuits

Potiron	1/2 tasse
Haricots cuits au four	1/4 de tasse
Haricots sautés	1/4 de tasse
Betteraves tranchées	1/2 tasse
Courge	1/2 tasse
Carottes coupées	1 tasse
Maïs	1/4 de tasse
Frites	5
Pois	1/2 tasse
Pomme de terre au four	1/4
Pomme de terre bouillie	1/3 de tasse
Pomme de terre écrasée	1/4 de tasse
Patate douce au four	1/3 de tasse

Fruits

Banane	1/3
Melon cantaloup	1/4
Compote d'airelles	3 cuill. à café
Dattes	2
Goyave	1/2 tasse
Melon d'Espagne en dés	2/3 de tasse
Kumquats	3
Mangue en tranches	1/3 de tasse
Papaye en dés	3/4 de tasse
Ananas en dés	1/2 tasse
Pruneaux séchés	2

Raisins secs   1 cuill. à soupe
Melon d'eau en dés   3/4 de tasse

Jus de fruits
Jus de pomme   1/3 de tasse
Cidre   1/3 de tasse
Punch aux fruits   1/4 de tasse
Jus de raisin   1/4 de tasse
Jus de pamplemousse   1/3 de tasse
Jus de citron   1/3 de tasse
Limonade sans sucre ajouté   1/3 de tasse
Jus de citron vert   1/3 de tasse
Jus d'orange   1/3 de tasse
Jus d'ananas   1/4 de tasse
Jus de tomate   1 tasse
Jus de légumes   3/4 de tasse

Céréales et pains
Pain au lait   1/2
Chapelure   15 g
Pain complet   1/2 tranche
Pain blanc   1/2 tranche
Petit pain dur   1 petit
Petit pain mou   1/2
Farine de sarrasin   15 g
Boulgour sec   15 g
Céréales pour petit déjeuner   15 g
Pain de maïs   1 morceau de 2 cm^2
Fécule de maïs   4 cuill. à café

Couscous sec	15 g
Cracker	1 et demi
Croissant ordinaire	1/4
Croûtons	15 g
Beignet nature	1/3
Muffin	1/2
Barre de céréales	15 g
Millet sec	15 g
Muffin aux myrtilles (mini)	1/2
Nouilles aux œufs (cuites)	1/4 de tasse
Pancake (10 cm de diamètre)	1
Pâtes cuites	1/4 de tasse
Pita	1/4 de pain
Pita (mini)	1/2 pain
Pop-corn (cuit)	2 tasses
Riz brun (cuit)	1/5 de tasse
Riz longs grains (cuit)	1/3 de tasse
Riz blanc (cuit)	1/5 de tasse
Petit pain (gros)	1/4
Petit pain (petit)	1/2
Pain pour hamburger	1/2
Tortilla de maïs (12 cm)	1
Tortilla de blé (16 cm)	1/2
Gaufre (petite)	1/2

Autres

Sucre brun	2 cuill. à café
Sucre cristallisé	2 cuill. à café
Sucre glace	1 cuill. à soupe
Sirop d'érable	2 cuill. à café
Sirop pour pancake	2 cuill. à café

Sauce de soja	1 cuill. à soupe
Chips de maïs	15 g

Alcool

Bière allégée	18 cl
Bière normale	12 cl
Alcools distillés	3 cl
Vin (rouge ou blanc secs)	12 cl

Ajoutez de la graisse

Maintenant que vous avez équilibré vos blocs de protéines et d'hydrates de carbone, vous devez ajouter de la graisse. Chacune de ces quantités de portions contient 3 g de graisse, ce qui, là encore, est différent de la méthode « 1-2-3 ». Une femme aura besoin d'ajouter 3 blocs de graisse à chacun de ses repas, alors qu'un homme aura besoin d'en ajouter environ 4.

Les meilleures graisses (riches en acides gras mono-insaturés)

Amandes	3
Huile d'amande	1/3 de cuill. à café
Avocat	1 cuill. à soupe
Noix de cajou	3
Purée d'avocat	1 cuill. à soupe
Noix de pécan	1
Olives noires (moyennes)	4

Huile d'olive	2/3 de cuill. à café
Cacahuètes	12
Huile de cacahuète	1/3 de cuill. à café
Beurre de cacahuète naturel	1/2 cuill. à café
Pistaches	3
Huile de sésame	1/3 de cuill. à café

Préparer un repas en Équilibre est là encore aussi simple que d'aller au restaurant chinois. Vous choisissez la quantité appropriée de blocs en Équilibre dans la zone A (protéines), vous équilibrez avec la quantité appropriée de blocs en Équilibre de la colonne B (hydrates de carbone), et ajoutez la bonne quantité de blocs de la colonne C (graisses). Comme avec la méthode « 1-2-3 », si vous élaborez vos repas ainsi pendant deux jours, vous réaliserez que la méthode de l'œil et de la paume pour équilibrer votre assiette donne à peu près les mêmes résultats.

REMERCIEMENTS

Le succès de ce livre est avant tout dû à ceux qui m'ont soutenu : mes collaborateurs bien sûr, mais aussi mes proches. Parmi eux : mon épouse, Lynn Sears, qui se charge de l'édition de mes livres, et mon frère, Doug Sears, qui excelle à traduire des notions scientifiques très pointues en termes accessibles au grand public. En outre, je souhaite remercier tout particulièrement Deborah Kotz pour ses conseils avisés.

Je suis par ailleurs reconnaissant à toute l'équipe de ReganBooks qui a merveilleusement porté ce livre vers le grand public. Je tiens à remercier en particulier Vanessa Stich et Cassie Jones pour leur excellent travail d'édition.

Bien sûr, mes remerciements les plus chaleureux vont à Judith Regan, qui a eu le courage et le flair de soutenir cet ouvrage, et a ainsi contribué à améliorer l'existence de millions de gens.

Composition réalisée par NORD COMPO

Imprimé en France sur Presse Offset par

BRODARD & TAUPIN

GROUPE CPI

La Flèche (Sarthe).
N° d'imprimeur : 17044– Dépôt légal Éditeur 31310-03/2003
Édition 1
LIBRAIRIE GÉNÉRALE FRANÇAISE - 43, quai de Grenelle - 75015 Paris.

ISBN : 2 - 253 - 16606 - 5   ✦ 31/6606/3